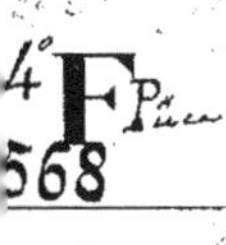

CHAMBRE DE COMMERCE DE LYON

(Séance du 14 Juin 1888)

PROPOSITION DE LOI

SUR LES

MARQUES DE FABRIQUE ou DE COMMERCE

LE NOM COMMERCIAL

LA RAISON DE COMMERCE

ET LE LIEU DE PROVENANCE

LYON

IMPRIMERIE DU *SALUT PUBLIC*

33, RUE DE LA RÉPUBLIQUE, 33

1888

CHAMBRE DE COMMERCE DE LYON

(Séance du 14 Juin 1888)

PROPOSITION DE LOI

SUR LES

MARQUES DE FABRIQUE ou DE COMMERCE

LE NOM COMMERCIAL

LA RAISON DE COMMERCE

ET LE LIEU DE PROVENANCE

LYON

IMPRIMERIE DU *SALUT PUBLIC*

23, RUE DE LA RÉPUBLIQUE, 33

1888

PROJET DE LOI

SUR LES

MARQUES DE FABRIQUE OU DE COMMERCE
LE NOM COMMERCIAL
LA RAISON DE COMMERCE ET LE LIEU DE PROVENANCE

Dans sa séance du 14 juin 1888, où se trouvent réunis :

M. A. SEVENE, *président ;*

MM. Ed. AYNARD, *vice-président ;* LILIENTHAL, CHAVENT, PAYEN, Marius DUC, MULATON, CHALENCON, PERMEZEL, JACQUAND, et GOURD, *secrétaire.*

M. JACQUAND présente le rapport suivant au nom de la Commission des intérêts publics.

MESSIEURS,

Lorsqu'on applique son esprit à étudier les progrès économiques réalisés dans le cours de ce siècle et les difficultés d'une concurrence toujours grandissante, on constate que les principes de morale qui régissent les sociétés civiles et qui sont le fondement de toute civilisation, ne sauraient être méconnus par le monde des affaires, sans qu'il en résulte des abus dont le producteur, l'intermédiaire et le consommateur seraient successivement victimes.

Si l'on part de cette observation pour formuler la synthèse de la loi qui préside aux destinées de l'industrie et du commerce, on arrive fatalement à cette maxime que la liberté est le premier de leurs droits, mais aussi que la probité est le premier de leurs devoirs.

Concilier ces deux éléments essentiels, les maintenir en équilibre normal, voilà, dans la sphère des intérêts matériels, un des problèmes les plus intéressants à proposer et des plus laborieux à résoudre ; équation dont les degrés sont infinis et dont les inconnues soumettront aux plus dures épreuves la patience et la sagacité des philosophes ou des pouvoirs publics.

Plus un peuple est lancé dans le mouvement économique, plus les questions qui touchent à la propriété industrielle et particulièrement aux marques de fabrique ou de commerce acquièrent d'importance.

Résumé historique de la législation française sur les marques.

Inconnues ou indifférentes dans l'ancien droit, elles sont, après l'abolition des corporations d'arts et métiers, visées pour la première fois par la loi du 22 germinal an XI, sur les *Manufactures, fabriques et ateliers*. C'est en quelque sorte accessoirement qu'on y consacre le principe de la propriété des « marques particulières que tout manufacturier a le droit d'appliquer sur les objets de sa fabrication, » et qu'on y déclare les contrefacteurs passibles non seulement de dommages-intérêts envers celui dont la marque est contrefaite, mais encore des peines prononcées contre le faux en écritures privées.

Quelques années plus tard une loi spéciale du 28 juillet 1824, *relative aux altérations ou suppositions de noms sur les prodaits fabriqués*, punit sévèrement les contrefacteurs ainsi que ceux qui ont apposé sur un objet manufacturé le « nom d'un lieu autre que celui de la fabrication. »

Puis vint celle du 23 juin 1857 qui nous régit actuellement et qui a tous les caractères d'une loi organique. Après avoir défini ce qu'il faut entendre par les marques de fabrique ou de commerce, elle subordonne la plénitude de leur propriété à un dépôt préalable d'une durée temporaire, mais renouvelable ; règle les droits des étrangers et ceux des Français dont les établissements sont situés hors de France ; énumère les peines applicables aux délinquants : amendes, emprisonnement, confiscation, destruction des marques contrefaites, dommages-intérêts, privation pendant dix ans au plus du droit de participer aux élections consulaires ; elle détermine encore les juridictions compétentes, les formalités à remplir pour constater le délit, la procédure à suivre pour en obtenir la répresssion ; elle va même jusqu'à ordonner que « tous produits étrangers portant soit la marque, soit le nom d'un fabricant résidant en France, soit l'indication du nom ou du lieu d'une fabrique française, sont prohibés à l'entrée et exclus du transit et de l'entrepôt et peuvent être saisis, en quelque lieu que ce soit, soit à la diligence de l'administration des Douanes, soit à la requête du Ministère public ou de la partie lésée ; » enfin elle contient une dernière disposition qui la déclare applicable aux produits de l'agriculture. Un décret du 26 juillet 1858, portant règlement d'administration publique, prescrivait les détails d'exécution.

Il semblait que le dernier mot fût dit sur la matière, lorsque, vingt ans après, dans le Congrès international qui s'est tenu à Paris, en 1878, des discussions fort instructives fournirent les documents les plus complets de législation comparée sur la propriété industrielle. La lecture des comptes-rendus sténographiques de ce Congrès nous montre que la France a toujours marché au premier rang des nations disposées à entourer cette propriété des garanties les plus équitables et les plus libérales ; que, néanmoins, la loi de 1857 qui a, pour ainsi dire, servi de base à celles des autres Etats, contient encore des lacunes. C'est afin de les combler que plusieurs projets de loi ont été soumis au Parlement. Le plus important de ces documents est une proposition présentée au Sénat par MM. Bozérian, Dietz-Monin, Arbel, Claude, Noblot, Dauphinot, Kiéner, George, Gailly et Vieillard-Migeon, sénateurs, *relative aux fraudes tendant à faire passer pour français des produits fabriqués à l'étranger ou en provenant.*

M. le Ministre du commerce et de l'industrie ayant invité notre Chambre à formuler son avis sur les dispositions de ce projet, votre Commission des intérêts publics s'est attachée à suivre dans tous ses développements le rapport très complet de M. Dietz-Monnin (1). Voici le résultat de ses délibérations.

On a résolu de faire une loi de police commerciale destinée à garantir l'acquisition, l'usage et la transmission d'une propriété spéciale, de création récente, et dont les limites sont plus difficiles à déterminer que celles d'un champ ou d'une maison.

Tout le monde sait quelle est l'importance des intérêts qui s'y rattachent, et personne n'ignore que des industriels peu scrupuleux, dont quelques-uns résident en France, mais dont la plupart sont établis à

---

(1) *Journal officiel* des 16, 17, 19, 24 et 27 février 1888.

l'étranger, vivent aux dépens de cette propriété moins protégée que les autres par notre législation. Imiter ou contrefaire les marques de fabrique, donner le change sur les noms des fabricants ou sur les lieux de provenance, se prévaloir de médailles ou de récompenses qu'on n'a jamais obtenues, c'est un procédé si commode pour les consciences peu délicates, qu'il a pris une grande extension et que la plupart des Etats cherchent à réagir contre des pratiques aussi malsaines.

Congrès de 1878.

Dès 1878, le Congrès international de Paris donna une vigoureuse impulsion à ce mouvement de réaction salutaire; d'un vœu qu'il avait émis dans une de ses premières séances surgit la fameuse Convention internationale de 1883, louable dans son but, mais imprévoyante et dangereuse dans plusieurs de ses dispositions dont quelques-unes, notamment l'article 10 modifié par la Conférence de Rome, en 1886, ont soulevé d'énergiques protestations auxquelles notre Chambre s'est associée.

Le projet de loi qui nous occupe et le rapport de M. Dietz-Monnin devaient naturellement s'inspirer des solutions adoptées au sein du Congrès de Paris. L'un et l'autre leur font de nombreux emprunts; ce n'est d'ailleurs que justice, car il serait impossible de trouver une assemblée plus recommandable par la compétence ou le mérite personnels de ses membres, par la hauteur des vues et le talent de ses orateurs.

Convention internationale de 1883.

Quant à la Convention de 1883, l'honorable rapporteur nous la présente comme un premier pas dans la voie qui a pour but de protéger nos produits contre les imitations et contrefaçons dont ils sont si souvent l'objet au-delà de nos frontières; il prend soin de nous rassurer en nous affirmant avec M. Bozérian (1), qu'elle n'est point destinée à faire échec à la législation de chacun des pays contractants, mais seulement à fournir aux Etats intéressés de nouveaux moyens de combattre les fraudes contre lesquelles ils ont à se défendre par suite de l'insuffisance de leurs lois; enfin, après avoir fait table rase des modifications adoptées si témérairement en 1886 par la Conférence de Rome, qu'aucune des puissances représentées n'a jugé à propos de les ratifier, il conclut avec raison, qu'au lieu de dénoncer la convention de 1883, on doit viser, dans la prochaine Conférence de Madrid, à la compléter et à

---

(1) La *Convention Internationale du 20 Mars 1883*, page 45.

l'améliorer sur des bases assez rationnelles pour lui concilier tous les suffrages.

Frappés de l'importance que présentent de pareilles déclarations, nous nous empressons de les signaler comme un symptôme favorable, avec l'espoir que les délégués des nations contractantes, renonçant désormais à poursuivre des conceptions aventureuses ou chimériques, se cantonneront dans le domaine de la pratique et sur le terrain des affaires.

Abordons maintenant l'examen détaillé de la proposition de loi dont la Commission sénatoriale a modifié l'intitulé, afin de le rendre plus conforme à son objet.

TITRE PREMIER

DE LA CONSTITUTION ET DU DROIT DE PROPRIÉTÉ DES MARQUES

L'article premier établit une distinction entre la marque de fabrique et la marque de commerce ; il donne la définition de l'une et de l'autre. La première *est celle qui est employée par le fabricant, le producteur ou l'exploitant, comme signe distinctif des produits de sa fabrication, de sa production ou de son exploitation, que ces produits soient créés de toutes pièces ou simplement transformés, ouvrés ou manufacturés dans ses ateliers ou usines.*

La seconde *est celle que peut employer un négociant, marchand ou commissionnaire, comme signe distinctif des produits qu'il achète, pour les revendre sous sa responsabilité et sa garantie.*

Le dernier paragraphe est ainsi conçu : *Toute marque appliquée sur un objet ou sur son enveloppe devra être accompagnée, d'une façon apparente, de la mention M. de F. s'il s'agit d'une marque de fabrique, et de la mention M. de C., s'il s'agit d'une marque de commerce.* 4º paragraphe de l'article 1er.

Cette disposition nous paraît critiquable à tous les points de vue.

N'est-ce pas exorbitant et tyrannique de dire à un fabricant : Vous avez le droit de vendre vos produits sans les revêtir d'un signe ou d'une mention quelconque ; mais si, par hasard, vous trouvez bon d'y inscrire votre nom d'une certaine manière, de les recouvrir d'une étiquette, d'y apposer une vignette ou une simple lettre, de les tisser ave une lisière, En quoi ses dispositions sont critiquables ; nécessité de le supprimer, n'oubliez pas que ces indications seront considérées comme marques de fabrique ou de commerce : que dès lors elles devront être obligatoirement accompagnées des lettres cabalistiques M. de F. ou M. de C. l'omission de cette formalité compromettrait « l'ordre public (1) » et exposerait aux rigueurs de la loi : amende de 50 à 1.000 fr. (art. 26), affichage du jugement, insertions dans les journaux, déchéances électorales (art. 29), sans parler de l'emprisonnement en cas de récidive (art. 28).

De pareilles prescriptions, aggravées par l'effet rétroactif qu'elles auront sur les marques existantes, sont barbares : elles portent atteinte à la liberté du commerce, créent tout un ordre de délits basé sur une conception arbitraire ou purement théorique et nous ramènent à trois siècles en arrière.

Envisagées sous un autre aspect, elles soulèveront les plus graves difficultés.

Où se trouve la ligne de démarcation entre le commerce et l'industrie ? Voici un négociant qui ne possède ni usine, ni matériel ; il achète des filés de coton ou de lin qu'il fait tisser par un certain nombre de chefs d'atelier ; en voici un autre qui confie à des ouvriers travaillant à domicile des cuirs maroquinés pour être employés à divers ouvrages de reliure ou à la confection d'articles de Paris ; lorsque tous deux revendront ces différents produits, auront-ils le droit d'y appliquer la marque M. de F., bien qu'ils ne les aient pas fait ouvrer dans leurs ateliers ou usines suivant les termes formels du paragraphe 2 ?

Je prends une commande de 1.000 pièces d'étoffe dont 600 seront fabriquées dans une manufacture que j'exploite, tandis que les 400 autres me seront livrées par un confrère auquel je me suis adressé, soit parce que mes ouvriers se sont mis en grève, soit tout simplement parce que mon établissement de tissage est surchargé de travail ; aurai-je la faculté d'appliquer sur ces dernières ma marque de fabrique ?

La question est grave, puisque la Commission du Sénat déclare par l'organe de son rapporteur qu' « il est absolument nécessaire d'établir une distinction apparente entre les marques de fabrique et de commerce, afin que l'acheteur soit renseigné sur l'origine du produit qu'on lui vend..... que c'est un point capital..... *une mesure édictée plutôt dans*

---

(1) Rapport de M. Dietz-Monnin, p. 45 et 238.

l'intérêt du consommateur que dans celui du producteur..... et que tout en conservant une marque unique pour les produits de son industrie et de son commerce, l'industriel commerçant sera seulement tenu, suivant les cas, d'accompagner cette marque de la mention M. de F. s'il s'agit de produits de sa fabricatiom, et de la mention M. de C. s'il s'agit de produits de son commerce (1) ».

Nous ne saurions admettre la thèse consistant à soutenir que l'acheteur doit nécessairement être renseigné sur l'origine de la marchandise qu'on lui vend, et que le législateur a la mission de s'ingérer dans la contexture d'une marque afin de protéger le consommateur. Pour peu que l'idée fasse son chemin, on en viendra bientôt à prétendre que tout fabricant, tout importateur ont l'obligation d'appliquer leur marque sur les produits de leur fabrication ou importation ; ce qui est actuellement une faculté qu'on leur concède dans leur intérêt deviendrait alors pour eux une véritable servitude. *[marginal note: Réfutation de la théorie en vertu de laquelle l'acheteur doit nécessairement être renseigné sur l'origine de la marchandise.]*

Au congrès de 1878, M. Ch. Lyon-Caen, l'éminent professeur à la Faculté de droit de Paris, avait, à propos d'une autre question, émis une opinion beaucoup moins absolue en disant que « la protection de la marque n'a pas été seulement établie dans l'intérêt du fabricant, mais aussi, *dans une certaine mesure*, dans l'intérêt du public (2) ». Aujourd'hui, la Commission sénatoriale renverse la proposition sans tenir compte du vrai principe sur lequel s'appuie cette protection.

En achetant une marchandise, le consommateur veut qu'elle corresponde à ses besoins ; lorsqu'une expérience souvent répétée lui a démontré que celle qui porte le nom ou la marque d'un fabricant déterminé lui convient mieux que toute autre, il la demande au négociant intermédiaire, et celui-ci est par le fait obligé de s'en approvisionner. Tant que le produit revêtu de cette marque est de bonne qualité, il conserve les préférences du public ; mais, si le fabricant abuse de sa popularité pour vendre trop cher ou pour livrer un article défectueux, inégal, mal conditionné, l'acheteur ne tarde pas à s'en apercevoir, à s'en plaindre au marchand et à mettre celui-ci dans la nécessité de s'approvisionner ailleurs.

---

(1) Rapport supplémentaire de M. Dietz-Monnin, p. 43 45 et 46. Voir aussi p. 201 et suivantes.

(2) Comptes rendus sténographiques du Congrès international de la propriété industrielle, p. 354.

Qu'y a-t-il au fond de tout cela? si ce n'est la loi de l'offre et de la demande qui encourage le manufacturier à satisfaire le consommateur.

Puisque ce dernier est libre de porter sa clientèle où bon lui semble, qu'il est défendu par le droit civil, quelquefois même par le Code pénal, contre l'erreur, le dol et la fraude, que lui faut-il de plus? Sans doute, il a indirectement, dans une certaine mesure, comme le dit M. Ch. Lyon-Caen, intérêt à ce que la propriété des marques soit protégée, parce qu'à défaut de cette protection, chaque fabricant aurait le pouvoir d'usurper impunément le nom ou la marque d'un concurrent et de tromper ainsi le public en lui vendant une marchandise autre que celle qu'il entend acheter, qu'il spécifie clairement sous la désignation de chocolat Ménier, bleu Guimet, fil au Chinois, bougies de l'Etoile. Mais partir de là pour ériger en maxime que, sur le terrrain des marques, l'intérêt du consommateur prime celui du producteur, c'est commettre une erreur de droit, une confusion économique contre lesquelles nous devons protester.

Avec de pareilles théories on supprime l'harmonieuse égalité qui existe entre les parties dans tout contrat synallagmatique; on en arrive à préférer l'acheteur au vendeur, le locataire au bailleur, le débiteur au créancier, sans s'apercevoir qu'en même temps on fausse l'idée de propriété, qu'on en ébranle le principe et qu'on fraie la route à ceux qui s'efforcent de le détruire.

Vainement M. Dietz-Monnin insistera-t-il sur ce point qu'il faut que l'acheteur sache si le produit qu'on lui vend est français ou de provenance étrangère, qu'il y a donc une mesure d'ordre et de sécurité publique à inscrire dans la loi, une garantie pour le consommateur et pour l'industrie nationale; que le moyen d'y pourvoir consiste à rendre obligatoire la mention M. de F. ou M. de C., la première indiquant que le produit est de fabrication française, la seconde avertissant le public que son origine n'est point garantie (1). Des affirmations aussi absolues nous paraissent quelque peu téméraires.

La question de provenance domine dans les marchés portant sur certaines matières premières ou sur divers produits naturels, parce qu'elle résume en un mot l'ensemble des conditions que doit présenter la marchandise d'après un type connu dans le commerce; ainsi, lorsqu'on

---

(1) Rapport de M. Dietz-Monnin, pages 45 et 202.

achète des houilles de Montrambert, des cafés de la Martinique, des étains de Banca, de la chaux du Teil, on spécifie implicitement que l'on exigera livraison avec garantie d'origine, parce que les matières similaires n'auront point les qualités particulières à celles-là, ne seront pas propres au même emploi. Mais, quand il s'agit d'articles manufacturés, le consommateur se détermine exclusivement par des considérations de bon marché, de qualité ou de mode, et reste tout à fait indifférent à celle de la provenance. S'il est pauvre, il choisit généralement l'article le moins cher qui l'oblige à une moindre dépense immédiate ; s'il possède des habitudes d'ordre et d'économie, il préférera celui qui lui fera le meilleur usage ; s'il est lancé dans le monde élégant, son goût le portera vers la nouveauté, quelquefois même du côté de l'élément artistique. Dans ces différents cas, lorsqu'il a trouvé l'objet dont il a besoin, la marque à laquelle il est habitué et dont il se montre satisfait, vous ne le verrez jamais se raviser uniquement parce que la marchandise est d'origine anglaise, si d'ailleurs elle semble réunir mieux que les autres les conditions qu'il recherche ; vous le verrez encore moins demander si le fabricant n'aurait point par hasard un établissement en Normandie et un autre en Belgique, ou vérifier si le produit porte les initiales M. de F. et non M. de C. Que lui importe après tout ? Il se dit qu'une maison en possession de la renommée se garderait bien de compromettre à la fois sa réputation et ses intérêts en vendant sous son nom, sous le couvert de sa marque deux produits de nature différente ; que d'ailleurs elle tire son coton des mêmes marchés et que dans ses manufactures française et étrangère elle a certainement le même outillage, les mêmes procédés de fabrication. En raisonnant ainsi il est dans le vrai.

Prétendre qu'il doit faire passer le patriotisme avant les questions de prix et de convenance serait tomber dans l'absurde, d'abord parce qu'on ne saurait mêler un sentiment aussi élevé aux opérations banales de la vie journalière, telles que l'approvisionnement du ménage ; ensuite parce que nous qui cherchons au dehors des débouchés pour notre industrie, nous risquerions de voir les législations étrangères entraver notre exportation sous le même prétexte, ou à titre de représailles.

En allant au fond du système préconisé par la Commission sénatoriale, on trouve une idée protectionniste qui se dégage nettement du rapport de l'honorable M. Dietz-Monnin : toute marchandise de provenance étrangère doit être signalée à la défiance du consommateur. C'est ainsi qu'une loi, dont le principe est bon, arrive, chemin faisant, à se compliquer de tendances accessoires qui la font dévier de son but, la hérissent de difficultés pour les juges, de vexations pour les justiciables et finalement la rendent stérile, dangereuse, impopulaire. Les exemples cités par nous au début de la discussion, montrent qu'en se basant sur le dernier paragraphe de notre article premier, les tribunaux pourront frapper d'une amende de 100 à 10,000 fr., ou de 50 à 1,000 fr. suivant les circonstances (1), le fabricant d'articles de Paris qui ne possède le plus souvent ni atelier, ni matériel, le manufacturier qui aura fait tisser quelques pièces d'étoffes chez un de ses confrères, le négociant qui aura sciemment vendu ces marchandises, quand elles porteront à côté de la marque le signe M. de F. au lieu des initiales M. de C. A ceux qui plaideront l'absurdité d'une pareille jurisprudence on opposera le texte absolu de la loi, les commentaires du rapporteur, lesquels n'admettent aucune dérogation, et la fameuse maxime *dura lex sed lex*.

Législations étrangères. En vain chercherait-on dans les législations de l'Europe une disposition aussi anormale ; il faut aller jusqu'au Chili pour la trouver ; c'est là en effet que les auteurs de la proposition de loi déclarent l'avoir recueillie, séduits par la pensée qu'elle y fonctionne à la satisfaction générale des intéressés (2). Mieux eût valu cent fois prendre modèle sur des nations offrant plus d'analogie avec la nôtre par leurs mœurs commerciales et l'importance de leur industrie.

M. Dietz-Monnin admire le bonheur des anglais, gens pratiques, qui n'ont qu'un terme « Trade mark », pour désigner les marques de fabrique et de commerce déposées (3). Pourquoi nos législateurs nous refusent-ils le même bénéfice en s'ingéniant à établir entre les unes et les autres des distinctions inutiles, souvent même arbitraires ou impossibles à définir ?

Au fond il n'existe qu'une espèce de marques. Le manufacturier et le marchand se servent de leur marque dans un même but : ils en font une affiche circulante, incorporée avec la marchandise qui sort de leur maison, de manière à frapper les yeux du public toutes les fois que celui-ci l'achète ou la consomme, et à identifier pour ainsi dire le produit lui-même avec le nom ou l'emblème qui

---

(1) Voir les articles 25 § 5 et 6, 26 § 3 et 31 de la proposition de loi ; voir aussi le rapport de M. Dietz-Monnin, pages 43 et suiv., 201 et suiv. et 238.

(2) Rapport de M. Dietz-Monnin, page 42.

(3) *Ibid.*, page 42.

le recouvrent. En vendant des vins sous sa marque de commerce la société du Grand-Hôtel n'obéit pas à un autre mobile que M. Ménier lorsqu'il met sa marque de fabrique sur du chocolat ; tous deux veulent conserver la notoriété dont ils jouissent, l'accroître même afin d'augmenter leur chiffre d'affaires.

C'est pourquoi les anglais n'ont qu'une sorte de marque, c'est pourquoi aussi la France n'en a qu'une en réalité, bien qu'elle porte deux appellations différentes. Malheureusement la jurisprudence, interprétant à la lettre l'article 19 de la loi de 1857, a refusé aux marques de commerce les avantages qu'elle reconnaît appartenir aux marques de fabrique ; de là l'origine de cette distinction que la proposition de loi s'efforce d'accentuer, tandis qu'il serait infiniment plus pratique et plus raisonnable de la supprimer.

La seule classification qui nous paraisse fondée consiste à diviser les marques en deux catégories : celles qui sont déposées et celles qui ne le sont pas. A la rigueur, on pourrait exiger que les premières portassent une mention spéciale : Marque déposée, ou M. D. sous le prétexte qu'on doit avertir les tiers du danger qu'ils courent en les contrefaisant ; mais nous estimons que le dépôt étant, comme nous le verrons plus loin, déclaratif et non attributif de propriété, le contrefacteur ou l'imitateur d'une marque en usage n'a nul besoin de cet avertissement pour être constitué en état de faute. *[Inutilité d'une mention notifiant que la marque a été déposée.]*

Aux termes de l'article 2, les *marques de fabrique ou de commerce sont facultatives,* sauf de rares exceptions qui seront déterminées par des décrets rendus en forme de règlements d'administration publique. On s'est borné à reproduire ici littéralement la première disposition de la loi de 1857 sur laquelle tout le monde est d'accord. *[L'emploi des marques est facultatif.]*

Dans un long paragraphe on indique ensuite ce qui peut constituer une marque de fabrique ou de commerce : *Les noms sous une forme distinctive, les dénominations, si elles ne sont pas des désignations nécessaires, étiquettes, enveloppes, formes caractéristiques, timbres, cachets, vignettes, lisières, lisérés, combinaisons de couleurs, dessins, reliefs, lettres, chiffres, devises, pseudonymes, noms imaginaires, signatures, et en général tout moyen matériel servant à distinguer les produits d'une fabrique, d'une exploitation agricole, forestière ou extractive, et les objets d'un commerce.* *[Éléments constitutifs des marques.]*

L'emploi des décorations françaises, conférées par l'Etat, est interdit comme marque ou composant de marque.

Tout cela est excellent dans le fond et dans la forme.

Les auteurs de la proposition, ainsi que le fait observer M. Dietz-Monnin (1), ont résolu, avec raison, de n'apporter au droit à la marque aucune entrave autre que celle relative aux décorations françaises qui ne sauraient en effet fournir un élément de réclame, soit parce que ce serait en quelque sorte les profaner, soit aussi parce que plusieurs fabricants ou exploitants d'une même industrie peuvent avoir été décorés successivement pour les progrès qu'ils ont réalisés. En suivant, sous ce rapport les traditions de la loi de 1857, M. Bozérian et ses collègues se sont montrés plus libéraux et, disons-le, plus pratiques que plusieurs législations étrangères qui contiennent des restrictions portant notamment sur les marques composées uniquement de lettres, de chiffres ou de mots, ou sur celles qui sont formées de certains signes (2).

Les lois hollandaise et allemande interdisent aussi l'emploi de marques contenant des armoiries de villes comme partie accessoire ou principale. La Commission sénatoriale, au sein de laquelle la question a été discutée, nous paraît avoir reculé devant une solution franche et nette. Partant de l'idée que plusieurs villes, qui sont devenues des centres renommés pour la fabrication de tel ou tel produit, ont, dans ces derniers temps, manifesté l'intention de se réserver la propriété de leurs armoiries, elle « n'a voulu ni leur enlever le droit de conserver cette propriété ni les empêcher d'en concéder l'usage, à titre temporaire ou définitif, à leurs habitants qui désireraient les employer comme marque d'origine... Le fait qu'elles en ont laissé la jouissance à des tiers n'implique point qu'elles l'aient abandonné. » M. Dietz-Monnin en déduit la nécessité d'inscrire ce principe dans son rapport (3).

---

(1) Rapport, page 58.

(2) En Allemagne, on admet huit marques libres : le coq, la couronne, l'hameçon, l'épée, le pistolet, le soleil, la lune et les étoiles. Ces marques libres sont considérées comme tombées dans le domaine public et pouvant être prises par n'importe qui, alors même qu'elles seraient déjà adoptées pour un article identique. L'énumération n'en étant pas limitative, ajoute l'honorable rapporteur, le juge a toujours le droit de dire qu'une marque est libre s'il résulte de la procédure ou d'une notoriété prouvée qu'elle a été généralement employée dans le commerce depuis longtemps. Aussi, chaque fois qu'un procès en contrefaçon intervient, le contrefacteur ne manque-t-il pas de soutenir que la marque contrefaite est une marque libre.

(3) Rapport de M. Dietz-Monnin, page 60.

Eh bien ! nous demandons si une ville a le droit de se servir de ses armoiries autrement que sous forme de sceau ou d'emblêmes apposés sur les biens mobiliers ou immobiliers de la municipalité ; si elle a surtout le pouvoir de les transformer en marque de fabrique ou de commerce, et d'en céder l'usage à une ou plusieurs maisons, gratuitement ou à titre onéreux. La proposition de loi, quoiqu'en dise M. Dietz-Monnin, répond négativement à ces diverses questions. En effet, aux termes de l'article premier, on ne peut posséder une marque de fabrique ou de commerce que si l'on est « fabricant, producteur exploitant, négociant, marchand ou commissionnaire, et comme signe distinctif des produits de son industrie ou de son commerce. » Or les villes ne sont ni industrielles ni commerçantes. De plus, l'art. 18 dispose que la propriété des marques de fabrique et de commerce ne peut être transmise qu'avec l'exploitation du produit qu'elles servent à caractériser ; il tombe sous le sens que les municipalités n'auront aucune exploitation à transmettre. Enfin l'art. 7 décide que celui qui le premier a fait l'usage public d'une marque en a seul la propriété ; donc, si un fabricant de drap d'Elbœuf s'était approprié les armoiries municipales antérieurement à tout autre, et que, dans ce but, il eût rempli les formalités prescrites par la loi de 1857, comment la ville en disposerait-elle au profit de ses concurrents ?

Ces différents points auraient donc besoin d'être réglementés autrement que par une inscription dans le rapport de la Commission sénatoriale. En procédant à leur réglementation, le législateur devra veiller à ce que la concession d'une marque municipale ne donne lieu à aucun trafic, à aucun monopole, à aucune faveur, afin d'éviter les abus et les injustices qui la feraient tomber dans un profond discrédit. Mais si l'on réfléchit à l'influence que les compétitions locales peuvent exercer sur des municipalités imprévoyantes, on est conduit à demander que les armoiries des villes ne puissent jamais être transformées en marques de fabrique ou de commerce, soit par antériorité d'usage, soit par suite de concessions individuelles ou collectives.

D'après l'art. 3, *le droit de propriété d'une marque de fabrique ne s'étend pas au delà du ou des genres d'industrie ou de commerce pour lesquels la marque est déclarée et employée.*

Cela revient à dire que le tanneur ayant choisi une ancre comme marque, ne saurait empêcher un parfumeur d'appliquer le même emblême sur les articles qu'il fabrique.

La question deviendra plus épineuse lorsqu'il s'agira de deux manufacturiers ayant fait choix de la même marque, le premier pour les tissus de laine, le second pour les étoffes de coton, l'un des deux imaginera plus tard de fabriquer des tissus mélangés de laine et de coton. Elle ne le sera pas moins dans le cas où un industriel, sous le prétexte qu'il aura déposé sa marque en déclarant se la réserver pour toutes sortes de produits chimiques, contestera à un autre le droit de l'appliquer sur du savon, de l'encre et les divers produits touchant de près ou de loin à la chimie.

Quoi qu'il fasse, le législateur n'empêchera jamais les conflits ; son devoir consiste moins à prévoir toutes sortes d'espèces qu'à déterminer clairement les principes permettant aux tribunaux de les juger sainement.

TITRE II.

DU DÉPÔT DES MARQUES ET DE SES FORMALITÉS

L'art. 4 débute ainsi : *Nul ne peut revendiquer la propriété exclusive d'une marque ni exercer aucune action contre les atteintes portées à cette propriété, s'il n'a fait au dépôt central des marques désigné par le règlement d'administration publique, le depôt des pièces suivantes :*

La propriété de la marque s'acquiert par l'occupation.

Le dépôt est simplement déclaratif, mais non attributif.

La proposition de loi maintient donc le système déjà admis par la loi de 1857, à savoir, d'une part que la propriété d'une marque s'acquiert par l'occupation, par le fait que l'on est le premier à s'en servir, et d'autre part, que le dépôt est une formalité nécessaire pour assurer au titulaire la jouissance de cette propriété avec le droit d'en interdire l'usage à un concurrent. Cela revient à dire que le dépôt est déclaratif du droit d'occupation et de défense, mais attributif, aux termes de la présente loi, des actions par lesquelles il s'exercera (1) ; ou mieux encore qu'il est pour la propriété industrielle ce qu'est la transcription pour la propriété immobilière, un moyen efficace de la faire

***

(1) Rapport de M. Dietz-Monnin, page 67.

connaître aux tiers (1). Cette partie de la loi a été parfaitement élucidée au Congrès de Paris où elle a fait l'objet d'une très brillante discussion entre M. le comte de Maillard de Marafy soutenu par M. Méneau, et M. Pouillet dont MM. Pataille et Ambroise Rendu ont appuyé la vigoureuse argumentation.

Le rapport de M. Dietz-Monnin insiste sur la nécessité de concentrer tous les dépôts des marques dans un office central établi à Paris, au lieu de remettre, comme actuellement, chacun d'eux, en double exemplaire, au greffe du Tribunal de Commerce du domicile du déposant. Il ajoute que cet officier ministériel, chargé de transmettre un desdits exemplaires au Ministre du Commerce, omet de remplir cette formalité dans le délai prescrit et quelquefois ne la remplit pas du tout, ce qui nous surprend au plus haut degré.

Nous reconnaissons bien l'utilité que présente le dépôt central; mais nous pensons que l'on devrait continuer à procéder comme aujourd'hui, au moins en province, sauf à introduire dans la loi une sanction pour obliger les greffiers à se montrer plus diligents. En effet, ce dépôt central et unique court le risque d'être détruit par un incendie, et la difficulté serait d'autant plus grande que beaucoup de négociants ou d'industriels absents ou empêchés ne pourraient fournir, aussi exactement que les greffes, les éléments nécessaires à sa reconstitution. En temps de guerre ou de calamité publique, les communications pourront être coupées avec Paris, et alors, comment s'y prendrait-on, soit pour opérer le dépôt ou le renouvellement d'une marque, soit pour s'en faire délivrer copie conformément à l'article 10? Enfin pourquoi priver les commerçants et manufacturiers résidant en province des facilités qu'ils ont pour trouver à leur portée un original de leur acte de dépôt et des pièces y annexées lorsqu'ils auront égaré leur titre?

La méthode actuelle est d'autant plus facile à maintenir qu'avec le système proposé on réunirait inutilement au dépôt central deux originaux de cet acte et de ces pièces, ce qui serait le comble de la centralisation (2).

---

(1) Comptes rendus sténographiques du Congrès de Paris, discours de M. Ambroise Rendu, page 343.

(2) Dans un rapport qu'il a présenté au Congrès de 1878, au nom de la Section des marques de fabrique et de commerce, M. de Maillard de Marafy se plaint précisément de l'organisation défectueuse du Conservatoire où sont déposées les mar-

La feuille officielle et les publications qu'on y pourra faire ne devraient avoir qu'un caractère officieux.

L'article 6 ordonne que le dépôt soit publié dans les dix jours. Il crée pour cela une feuille officielle affectée à la propriété industrielle. La création d'un semblable journal n'aurait rien de mauvais pourvu qu'on évite de lui faire jouer un rôle trop considérable. Nous verrons plus loin que c'est précisément l'écueil dans lequel on est tombé en assimilant la publication des marques à la promulgation des lois, l'une et l'autre devant produire les mêmes effets. Comment veut-on qu'un négociant ait le temps de gérer ses affaires quand on lui impose l'obligation de lire chaque jour dans l'*Officiel* non seulement le texte des lois, mais encore les documents et les débats qui en forment le commentaire, d'ajouter à cette lecture celle de la feuille affectée à la propriété industrielle, le *Bulletin Officiel* qu'il est aussi question de créer pour les sociétés, les journaux de la localité dans lesquels se publient les arrêtés municipaux, les déclarations de faillites, les nominations de séquestres, les purges d'hypothèques, les ventes de fonds de commerce et autres annonces légales ou officieuses concernant son industrie et sa clientèle ? Si l'on reconnaît que tout cela est au-dessus de ses forces, quelle sera la valeur effective de tant de publications dans des feuilles spéciales ?

Sous la formule « nul n'est censé ignorer la loi » nous trouvons une fiction d'ordre public ; mais c'est précisément parce que les fictions légales ne sont point des réalités qu'il faut éviter de les multiplier, surtout dans le domaine commercial.

En conséquence, nous insistons pour que la publicité ordonnée par l'article 6 n'ait guère qu'un caractère officieux.

Aux termes de l'article 7, *celui qui le premier a fait l'usage public d'une marque en a seul la propriété.*

La propriété d'une marque appartient à celui qui le premier en a fait publiquement usage.

Son droit résulte du fait qu'il s'est approprié une chose n'appartenant à personne, *res nullius*, qu'il en est le premier occupant (art. 714 du Code civil). Mais pour exercer ce droit, il faut en avoir fait usage dans des conditions de publicité permettant aux tiers d'avoir connaissance de votre prise de possession ; s'il en était autrement, un fabricant, résolu à gêner ses concurrents ou à les prendre au piège, n'aurait qu'à s'emparer de toutes les marques susceptibles d'être commodément

---

ques de fabrique et de commerce ; il nous apprend que « les moyens de recherches étant complètement insuffisants, toute vérification rigoureuse est à peu près impossible ». (Comptes-rendus sténographiques du Congrès de 1878, page 93.)

appliquées sur un produit, sauf à en utiliser seulement quelques-unes ;
cela constituerait un véritable abus. C'est pourquoi la Commission
déclare que le dépôt d'une marque ne doit point être regardé comme un
fait d'usage, s'il n'a pas été suivi de son application sur le genre de
marchandise auquel on la destinait.

Quant au non-usage prolongé pendant plusieurs années d'une marque *Le non-usage sera sans influence.* que l'on a utilisée, peut-il en faire tomber la propriété dans le domaine
public ? Cette cause de déchéance est adoptée par la législation suisse ;
nous préférons le système contraire auquel se sont ralliés les auteurs de
la proposition de loi en se basant sur des considérations équitables et
pratiques.

Le dernier paragraphe de l'article 7 présente une contradiction *Rédaction vicieuse du dernier paragraphe de l'article 7.* manifeste avec l'idée dominante qui se dégage des articles 4 et 6
ainsi que des commentaires si précis dont les a fait suivre M. Dietz-
Monnin. Cette idée se résume dans la formule : pas de dépôt, pas d'action. Dès lors pourquoi établir dans la loi une disposition telle que
celle-ci : *Le seul emploi d'une marque non déposée, fait de bonne foi,
ne donne lieu à aucune action ?* Ou les auteurs de la proposition sont
logiques et alors ils doivent effacer les mots : *fait de bonne foi* ; ou ils
désertent le terrain sur lequel ils se sont établis, et, dans ce cas, leur
système ne se tient plus debout. Au congrès de 1878, M. Demeure,
membre de la Chambre des représentants de Belgique, a très nettement
expliqué comment il serait injuste de poursuivre ceux qui emploient
une marque déjà en usage, mais non déposée : « C'est là, en effet, disait-
il, le caractère de la marque, qu'elle consiste en un signe qui, précé-
demment à l'usage qui en est fait pour distinguer les produits d'une
industrie ou les objets d'un commerce et au dépôt que la loi prescrit,
est dans le domaine public ; il ne devient l'objet d'un droit privatif que
par l'usage que je viens d'indiquer, accompagné de la manifestation
légale, par celui qui l'emploie, de la volonté de se l'approprier, et cette
manifestation légale consiste dans le dépôt (1). »

---

(1) Comptes-rendus sténographiques du Congrès de la propriété industrielle,
p. 327.

TITRE III

DURÉE ET VALIDITÉ DES MARQUES

Durée, renouvellement, annulation du dépôt.

D'après l'article 8, *le dépôt est valable pour quinze ans, mais il peut aussi être annulé, soit par la volonté du déposant, soit par autorité de justice.*

Les formalités à remplir dans les deux cas sont bien définies. Nous trouvons rationnels les motifs énoncés dans le rapport en ce qui concerne la nécessité de limiter la durée du dépôt, à quinze années, sauf à autoriser son annulation anticipée ou son renouvellement. Mais nous n'en dirons pas autant pour l'art. 9 ainsi conçu :

En cas de non renouvellement, la marque ne tombe définitivement en déchéance et ne devient libre qu'après une période de deux ans.

Les numéros des marques dont le dépôt n'aura pas été renouvelé à l'expiration du délai de quinze ans, seront portés à la connaissance du public par avis inséré dans la feuille officielle affectée à la propriété industrielle par le règlement d'administration publique.

L'article 9 tel que l'interprète la Commission du Sénat sera une source d'iniquités.

Cet article est un des plus défectueux de la loi projetée, parce que les considérations pratiques et l'équité y sont entièrement sacrifiés à un formalisme étroit et scabreux. Pour donner plus de relief aux critiques qu'il soulève, nous allons raisonner sur une marque très connue, celle du Chocolat Ménier, et indiquer à quels résultats inattendus, exorbitants, conduirait la théorie de la Commission sénatoriale.

La maison Ménier ayant la première fait l'usage public de sa marque en a seule la propriété (art. 7). Si elle néglige de remplir les formalités des articles 4 et 36, elle ne pourra exercer contre les contrefacteurs les droits et actions que la loi confère. Ceux-ci auront donc la faculté de copier ses étiquettes avec la plus entière impunité, jusqu'au jour où il lui plaira de les déposer ; mais ils n'arriveront jamais à prescrire à leur profit la propriété exclusive ou l'usage de ladite marque, puisqu'il leur manquera toujours la qualité de premier occupant. Le texte de la loi et le rapport de M. Dietz-Monnin ne laissent aucun doute à cet égard. Eh bien ! supposons que, pour mettre fin aux agissements de ses contrefacteurs, la maison Ménier se décide à opérer le dépôt indiqué dans l'article 4, elle perdra par le fait le bénéfice de l'imprescriptibilité dont nous venons de parler, ce qui est déjà bizarre. Bien plus, si elle laisse passer dix-sept années sans renouveler son dépôt, elle « s'expose à voir un tiers faire usage de sa marque, la déposer et acquérir ainsi le droit exclusif de l'employer envers et contre tous *sans même l'excepter* » (1). Nous assisterons alors à ce singulier spectacle d'une maison ancienne, jouissant de la plus grande notoriété, obligée de renoncer aux éléments constitutifs d'une marque presque séculaire, sous peine d'être à son tour poursuivie comme contrefacteur ; et d'un petit fabricant, n'ayant d'autre mérite que celui d'être habile en procédure, qui s'emparera légalement de tous ces éléments, même d'un nom qu'il ne porte pas et de la signature apposée sur les tablettes, bien que ce soit celle de son concurrent !

Le lecteur qui serait tenté de croire que nous tombons dans l'exagération voudra bien lire cette partie du rapport rédigé au nom de la Commission sénatoriale, puis la rapprocher de l'article 2 mentionnant le nom et la signature comme susceptibles de revêtir le caractère d'une marque et d'en suivre le sort. Au surplus, quoique moins choquante en apparence, la spoliation qui se pratiquerait dans les mêmes conditions, à propos d'une lisière, d'une étiquette n'est pas plus équitable.

On a beaucoup réclamé, et avec raison, contre la rigueur excessive de la loi qui frappe de déchéance le titulaire d'un brevet d'invention par le seul motif qu'il est en retard de vingt-quatre heures pour le paiement de la taxe ; or il s'agit ici d'une disposition beaucoup plus grave puisque, à la différence du breveté négligent, le propriétaire de la marque tombée en déchéance n'aura pas le droit d'en jouir comme tout le monde, et qu'il en sera dépouillé radicalement, au profit exclusif d'un tiers (2).

Qne devient au milieu de tout cela l'idée fondamentale que le dépôt est simplement déclaratif, mais non attributif, de propriété ?

Nous croyons utile de faire connaître le raisonnement qui a déterminé la Commission : Le propriétaire d'une marque a pris, en la déposant, l'engagement d'en renouveler le dépôt ou d'en faire l'abandon ; dans ce dernier cas, elle devient *res derelicta*, susceptible d'une acquisition par première occupation ; ayant tout intérêt à en conserver pour lui seul l'in-

Raisons qui ont décidé les auteurs de la proposition.

---

(1) Rapport de M. Dietz-Monnin, page 109.
(2) Rapport de M. Dietz-Monnin, pages 102, 103 et 103.

tégrité, il ne manquera point de renouveler son dépôt avant l'expiration des quinze ans ; toutefois, comme on doit compter sur la négligence excusable des ayants-droit, il leur sera accordé un délai de grâce fixé à deux ans ; après cette dernière période, celui qui n'aura pas rempli la formalité si simple du renouvellement aura « manifesté d'une façon non équivoque son intention de ne plus s'en servir » ; et, « afin d'éviter des oublis sujets à de si graves conséquences, la Commission a inséré, à la fin de l'article, un paragraphe portant que les numéros des marques, dont le dépôt n'aura pas été renouvelé, seront publiés aussitôt après le délai fixé pour le renouvellement, dans la feuille affectée à la propriété industrielle. C'est un moyen pratique de rappeler aux intéressés les plus négligents ce qu'ils ont à faire pour conserver leurs droits » (1).

Réfutation. Une pareille argumentation surprendra profondément ceux qui ont l'expérience des affaires. D'abord, le propriétaire d'un marque se persuadera que, tout compte fait, il a dix-sept ans devant lui ; ensuite, quand viendra le terme fatal, il sera peut-être empêché par l'absence, par la maladie ; s'il est mort, ses héritiers n'auront pas, comme il l'avait, le souvenir de cette échéance, ou bien ils la perdront de vue au milieu des difficultés d'un partage. Quant à s'abonner à la feuille officielle de la propriété industrielle, à la lire consciencieusement tous les jours, sans en laisser passer un numéro, personne n'en aura la pensée et encore moins le loisir. Ce journal entassé dans quelque recoin obscur du greffe ou de la Chambre de commerce, se couvrira d'une épaisse poussière devant laquelle reculeront les gens venus pour le compulser.

La loi anglaise est beaucoup plus pratique. A ces expédients illusoires, nous préférerions certainement un système se rapprochant de celui que prescrit la loi anglaise de 1883 : deux mois avant l'expiration du dépôt, le contrôleur avise le propriétaire de la marque que, faute par lui d'acquitter la taxe de renouvellement il encourra la déchéance de ses droits ; si ce premier avis reste sans effet, il en donne un second trente jours plus tard ; et c'est seulement trois

---

(1) Dans la brochure qu'il a publiée en 1885, sous le titre : *La Convention intermédiaire du 20 mars 1883*, M. Bozérian cite, page 21, un arrêt de la Cour de cassation, chambre des requêtes, du 13 janvier 1880 ; aux termes de cet arrêt, le nom et la raison sociale peuvent quelquefois tomber dans le domaine public, en même temps que la marque dont ils constitueraient un des éléments ; mais il n'allait pas jusqu'à déclarer que la maison veuve Etienne Beissol et fils, d'Aix-la-Chapelle, devait changer de marque, de nom et de raison sociale.

mois après l'expiration du terme légal que le contrôleur pourra la rayer du registre, avec faculté de l'y rétablir si l'intéressé vient ultérieurement payer la taxe ainsi que l'amende de retard. Enfin lorsqu'une marque a été rayée du registre pour non paiement de la taxe ou pour toute autre cause, elle est néanmoins considérée comme marque déjà enregistrée au point de vue de toute autre demande d'enregistrement qui se produirait dans un délai de cinq ans à partir de la radiation. Telle est la procédure suivie dans le Royaume-Uni.

« Ces précautions, dit M. Dietz-Monnin, au point de vue de l'avis préalable en cas de renouvellement, présentent de prime abord un caractère plus paternel que les dispositions de notre article 9 ; mais elles ont aussi un caractère fiscal qui n'échappera à personne, et elles ouvrent en tout cas la voie à l'arbitraire, en faisant du contrôleur le dispensateur de facilités à accorder, en vue du renouvellement. Cela est possible en Angleterre, mais chez nous la loi doit être plus égalitaire, partant plus étroite dans ses dispositions » (1).

Au lieu de condamner en bloc le système éminemment pratique des Anglais, la Commission du Sénat aurait agi avec plus de sagesse en s'efforçant de l'adapter à nos mœurs ; rien n'eut été plus facile que de leur emprunter la méthode du double avertissement préalable donné par lettre recommandée, sans laisser au fonctionnaire présidant à la direction du dépôt central aucun pouvoir d'appréciation qui puisse engendrer des abus et froisser nos sentiments égalitaires.

Quant au côté fiscal, si l'amende est excessive en Angleterre, il est facile de la réduire en France à un chiffre plus modeste, et alors le fabricant qui refusera de la payer, sachant fort bien qu'il va être déchu de ses droits, montrera clairement son intention de renoncer à un privilège désormais sans intérêt pour lui.

D'ailleurs, l'idée d'assujettir, comme toutes les autres, la propriété industrielle à un impôt annuel, indépendant de la taxe perçue au moment du dépôt, n'aurait rien d'injuste, pourvu que la quotité en fût raisonnable. Son recouvrement pourrait être opéré par le percepteur, sur des mandats délivrés par le dépôt central, et le refus de les payer se reproduisant trois années de suite, équivaudrait, de la part du propriétaire de la marque, à une déclaration formelle d'abandon.

Un impôt annuel sur les marques serait également plus pratique.

---

(1) Rapport de M. Dietz-Monnin, page 112.

Question à résoudre.

Reste une dernière question à examiner : l'industriel qui a laissé tomber sa marque en déchéance, pourra-t-il, trois ou quatre ans plus tard, en recouvrer la propriété exclusive, au moyen d'un second dépôt, alors que personne n'en aura fait usage et qu'elle est toujours *res dere licta?* A considérer uniquement les termes du paragraphe premier de l'article 9, il semble qu'une telle faculté lui soit refusée, puisque cette déchéance y est qualifiée de définitive. D'autre part, le premier occupant aurait-il donc moins de droits que le commun des mortels ? Qu'on se place au point de vue de la Commission ou au nôtre, on constate que le texte de la loi manque de clarté.

Nécessité de réviser l'art. 9.

Pour les motifs que nous venons d'indiquer, nous concluons énergiquement à la révision complète de l'article 9 que nous regardons comme inconciliable avec les principes consacrés par les articles précédents, e^t comme aboutissant manifestement à des conséquences iniques ou excessives. Nous insistons d'une façon toute particulière sur les avantages que présente le régime du double avertissement préalable combiné avec un délai de mise en demeure, et nous n'hésitons pas à qualifier d'illusoire et stérile le mode de publicité que les auteurs du projet préconisent.

L'inobservation du 4º paragraphe de l'article premier ne devrait pas entraîner la nullité du dépôt.

A propos de l'article 11 nous ferons observer combien il est peu rationnel de subordonner la validité du dépôt à l'observation des prescriptions contenues dans le dernier paragraphe de l'article premier. Sans revenir sur les critiques que nous avons formulées au sujet de ces prescriptions, nous ne saurions admettre qu'après s'être conformé pendant plusieurs années à toutes les dispositions de la loi, un fabricant soit exposé par un oubli ou par l'erreur d'un employé, à voir son dépôt frappé en quelque sorte de nullité rétroactive. Comme un acte nul ne saurait produire aucun effet, il en résulterait, dans le système de la Commission, que les procès en contrefaçon pendants devant les tribunaux devraient être rayés du rôle ou jugés contre le demandeur, quelque manifeste que soit la mauvaise foi des contrefacteurs. Mais alors, pourquoi celui qui s'est servi d'une marque appartenant à son concurrent ne poussera-t-il pas l'effronterie jusqu'à ses dernières limites, afin d'éviter une condamnation écrasante pour son honneur et sa fortune ? Ne lui viendra-t-il pas à l'esprit de provoquer immédiatement la nullité du dépôt en cherchant quelques acheteurs complaisants auxquels il livrera frauduleusement la marque de son adversaire non accompagnée des signes M. de F. ou M. de C., et qui viendront témoi-

gner en justice que c'est ce dernier qui la leur a vendue ? Qui sait même
si, le lendemain du jour où la présente loi sera promulguée, il ne mettra
pas en réserve quelques paquets de fil au Chinois, de chocolat Ménier
ou de bougies de l'Etoile, qui actuellement ne portent point ces signes
obligatoires, précisément en vue d'intenter plus tard un procès aux
propriétaires desdites marques, ou de contrefaire celles-ci ultérieurement avec les plus grandes chances d'impunité ?

TITRE IV

DU NOM COMMERCIAL, DE LA RAISON DE COMMERCE
ET DU LIEU DE PROVENANCE.

L'article 12 donne la définition du nom commercial et de la raison de *Définitions du nom commercial et de la raison de commerce.*
commerce. Il est applicable aux exploitations agricole, forestière et
extractive.

L'article 13 entre dans la voie des innovations :

*La propriété d'un nom commercial ou d'une raison de commerce
appartient à celui qui le premier en a fait usage.*

*Le nom commercial et la raison de commerce sont soumis à une
déclaration préalable, effectuée au Dépôt central dans les conditions
prescrites à l'article 5.*

*La publication en est faite conformément aux prescriptions du
paragraphe premier de l'article 6 et sous les sanctions du paragraphe deuxième du même article.*

*A défaut de déclaration, l'ayant-droit ne pourra invoquer que les
dispositions de l'article 1382 du Code civil.*

Assimiler d'une manière absolue le nom commercial ou la raison *Il est impossible d'appliquer au nom commercial et à la raison de commerce toutes les dispositions concernant les marques.*
de commerce aux marques dont il est question dans les trois
premiers Titres, eût été de la plus grande imprudence, car aux considérations d'équité et de sens pratique que nous avons fait valoir
s'en ajouteraient d'autres intéressant le crédit public. La déclaration du nom commercial et de la raison de commerce ne sera
point sujette à renouvellement au bout de quinze années ; les abus

que nous avons signalés en critiquant les dispositions de l'article 9 n'auront donc jamais l'occasion de se produire ; elle ne tombera pas sous le coup des nullités de l'article 11 ; enfin l'usurpation d'un nom commercial ou d'une raison de commerce non déclarés pourra être poursuivie à la requête de la maison qui en est propriétaire, non pas en vertu des articles 24 et suivants de la présente loi, mais par l'action de droit commun résultant de l'article 1382 du Code civil, ainsi que cela se pratique aujourd'hui conformément à une jurisprudence constante.

Cette partie de la loi suscitera des difficultés ; nécessité de la soumettre à une nouvelle étude.

Le système de la déclaration au Dépôt central se rapproche beaucoup de celui du registre de commerce qui fonctionne, dit-on, d'une façon satisfaisante, en Allemagne et en Suisse ; à la rigueur, il pourra en être de même en France. Cependant nous aimerions à trouver dans la loi la solution de plusieurs questions qui ne paraissent pas avoir attiré l'attention de ses auteurs ou qu'il faudrait régler autrement que par une allusion plus ou moins précise du rapporteur. C'est d'autant plus nécessaire que la Commission du Sénat ne paraît pas elle-même très fixée sur sa doctrine ; en voici la preuve : « Souvent aussi, dit M. Dietz-Monnin, se présente le cas suivant : un individu a pris pour nom commercial ses propres nom et prénom, et ce, sans esprit de fraude. Dès que son entreprise commence à prospérer, un autre établi avant lui, sous le même nom et dans la même industrie ou le même commerce, vient lui faire défense de se servir de son nom ; le registre de commerce parerait à tous ces inconvénients » (1).

De deux choses l'une : ou la propriété du nom commercial est basée sur l'antériorité de l'usage, et alors le registre de commerce n'a que faire en l'espèce ; ou c'est ce registre qui est la pierre angulaire du droit, et dans ce cas, que signifie le paragraphe premier de l'article 13 ?

Si nous comprenons bien les articles 13 et 17, l'individu qui aura établi, sous le nom de Joseph Martin, un magasin pour la vente au détail des épices, des comestibles et des liquides, sera fondé à poursuivre comme usurpateurs tous les Joseph Martin qui exerceront en France et aux Colonies, soit le commerce de l'épicerie en gros ou en détail, soit celui de la droguerie, soit celui des vins et liqueurs, sous le prétexte qu'ils font commercialement un genre de négoce identique ou offrant quelques points de contact avec le sien. Ses héritiers et ses successeurs

---

(1) Rapport, page 135.

auront le même droit. Bien plus, si, après avoir pendant plusieurs années cessé de faire le commerce, ou l'avoir restreint à celui des liquides, il reprend ses affaires primitives, il pourra actionner ceux qui, dans l'intervalle, auraient créé des maisons semblables, sous le même nom, dans une localité quelconque de la France.

M. Dietz-Monnin prend soin de nous expliquer que la *Belle Jardinière* étant envisagée comme une raison de commerce, nul ne peut se l'approprier sur toute l'étendue du territoire (1). S'il en est ainsi, nous ne devrions avoir en France qu'un hôtel de l'Europe, un café de l'Univers, une épicerie Parisienne. Vainement s'efforce-t-il d'établir une distinction entre la raison de commerce et l'enseigne, de donner de l'une et de l'autre une définition aussi exacte que possible ; il n'empêchera jamais une enseigne de devenir une maison de commerce et de se confondre avec elle, comme c'est arrivé pour la Belle-Jardinière, le café Anglais, le Grand Hôtel, les Magasins du Bon-Marché, et alors quelle est la disposition de la loi qui guidera la jurisprudence ?

Les auteurs de la proposition sont allés beaucoup trop loin dans les articles 13 et 17, en négligeant les nuances parfois très accentuées qui existent entre le commerçant et le détaillant dont les affaires sont localisées ; en ne tenant pas compte des conséquences du non usage prolongé ; en donnant à la raison de commerce plus d'ampleur qu'au nom commercial, en bouleversant même des situations acquises. Ils n'auraient dû avoir d'autre objectif que celui de réprimer la fraude, en laissant la plus grande liberté partout où l'on ne trouve aucun élément de concurrence déloyale.

Si la marque de fabrique ou de commerce est une propriété conventionnelle, que chacun a le droit de créer, dont il lui est loisible de disposer et à laquelle il peut renoncer quand bon lui semble, on ne saurait en dire autant du nom patronimyque. Celui-ci est un héritage sacré que le négociant, comme tout autre citoyen, reçoit de son père pour l'associer aux actes de sa vie civile et commerciale et pour le transmettre intact à ses enfants.

Malgré les différences que nous avons signalées au début de nos observations sur l'article 13, la proposition de loi maintient encore une trop grande assimilation entre ces deux sortes de propriété ; quelques-

---

(1) Rapport, page 123.

unes des restrictions qu'elle apporte à l'usage de la première qui est, pour ainsi dire, artificielle, ne devraient pas frapper la seconde qui est de droit naturel, par conséquent plus ample et plus respectable.

Nous insistons donc pour que cette partie de la loi soit plus explicite, établie sur des bases plus larges, plus équitables, afin que son interprétation et son application ne donnent lieu à une jurisprudence ni trop relâchée, ni trop voisine du *summum jus*. C'est d'autant plus important que les contestations relatives à la propriété des marques, du nom commercial et de la raison de commerce seront portées devant la juridiction civile qui les jugera en droit, souvent même en droit strict (1), et que dès lors le législateur est tenu d'exprimer sa pensée sans ambages.

La déclaration devrait être faite au greffe du Tribunal de Commerce. Quoi qu'il en advienne, et par les motifs que nous avons déjà fait valoir à propos des marques, nous considérons que la déclaration dont il est question au second paragraphe de l'article 13 devrait être effectuée, dans chaque arrondissement, au greffe du Tribunal de commerce ou du Tribunal civil jugeant commercialement, à charge par le greffier d'en transmettre immédiatement un double au dépôt central de Paris.

Vice de rédaction. Enfin nous signalerons une défectuosité dans la rédaction de ce même paragraphe 2 : Qu'entend-on par une déclaration *préalable ?*

Le Crédit Lyonnais, la Belle Jardinière et toutes les maisons existantes à l'heure actuelle feront bien une déclaration, si c'est nécessaire, mais elle n'aura rien de préalable. Il en sera de même de celles qui se fonderont dans la suite et qui, fortes du droit que leur confère le paragraphe premier, ne feront leur déclaration que longtemps après.

Art. 14. — *Nul n'a le droit de se servir du nom d'un lieu de fabrication ou de production pour désigner un produit fabriqué dans un autre lieu, sauf pour l'ayant-droit la faculté d'apposer le nom de son établissement principal sur les produits fabriqués en France par lui ou pour son compte, dans une autre localité française.*

Est réputé lieu de fabrication la ville, la localité, la région ou le pays dont le nom donne au produit sa renommée.

---

(1) Le rapport de M. Dietz-Monnin nous en cite plus d'un exemple, notamment page 186. — Voir aussi dans le présent rapport la note, page 21.

*Ce nom appartient collectivement à tous les fabricants ou pro-
ducteurs de ladite ville, localité, région ou pays.*

Ces dispositions équitables sont la condamnation radicale de la réso- Les dispositions de l'art. 14 sont équitables.
lution adoptée par la conférence de Rome, en vue de modifier l'article 10
de la Convention de 1883.

Autant nous sommes d'avis que le législateur n'a pas le droit d'assujettir les industriels et les négociants à des obligations aussi inutiles et
aussi vexatoires que celle édictée par le dernier paragraphe de l'article
premier, autant nous sommes ennemis de tout ce qui est contraire à la
loyauté commerciale. A ceux qui nous reprocheraient de manquer de
logique parce que nous avons énergiquement protesté contre les théories sur lesquelles la Commission sénatoriale a édifié l'inconcevable
paragraphe que nous venons de rappeler, nous répondrons qu'entre
notre système et celui de la loi projetée il existe une profonde différence :
en effet, celle-ci exige que toutes les marchandises revêtues d'une
marque portent l'estampille de leur origine française ou étrangère, ce
qui est vexatoire et abusif, tandis que nous nous contentons de proscrire
les allégations mensongères (1).

Chacun doit être libre de présenter un produit sous la marque nouvelle qu'il lui a plu de choisir, et sans qu'on puisse l'obliger à en indiquer la provenance ; si les commerçants ont le droit de garder le secret
de leurs affaires, ils n'ont jamais celui de tromper le public ; c'est la
nuance que n'admettent point les auteurs de la loi et qui cependant se
retrouve dans toutes les législations.

Nous n'avons pas d'observations à présenter sur les articles 15 et 16. Articles 16 et 17.

ART. 17. — *Nul ne peut exercer une industrie ou un commerce
ou entreprendre une exploitation soit sous une raison de commerce,
soit sous un nom commercial, déjà employés dans la même industrie,
le même commerce et la même exploitation, sans les différencier
manifestement de manière à éviter toute confusion.*

Nous avons épuisé à propos de l'article 13, les observations qui ont
trait à celui-ci.

---

(1) Voir dans l'*Exportation Française* du 15 décembre 1885 l'article intitulé : *Un
Vol légal.*

TITRE V

TRANSMISSION

ART 18. — *La propriété des marques de fabrique et de commerce
ne peut être transmise qu'avec l'exploitation du produit qu'elles
servent à caractériser.*

*La propriété du nom commercial ou de la raison de commerce ne
peut être cédée qu'avec le fonds lui-même et jusqu'à extinction dudit
fonds.*

*La transmission n'a d'effet à l'égard des tiers qu'après le dépôt et
la publication d'un extrait de l'acte qui la constate, dans les formes
prescrites pour le dépôt de la marque ou de la déclaration du nom
commercial ou de la raison de commerce.*

Les deux premiers paragraphes portent atteinte à la liberté des conventions en matière commerciale et industrielle.

Sous l'empire de la loi de 1867, ainsi que le reconnaît M. Dietz-Monnin (1), le propriétaire d'une marque peut en disposer comme il l'entend
et la céder à sa volonté, soit à titre gracieux, soit à titre onéreux, en
totalité ou en partie, séparément ou avec le fonds de commerce ou d'industrie dont elle caractérise les produits. Rien ne démontre que cette
faculté ait engendré de graves abus.

Au Congrès de Paris, en 1878, la question fut l'objet d'une très-brillante discussion dans laquelle M. Charles Lyon-Caen soutint avec
force le système adopté depuis lors par la Commission du Sénat. Ses
adversaires, MM. Pataille, Méneau, Pouillet et l'amiral Selwyn, délégué
de l'Angleterre, lui opposèrent des arguments si judicieux et si déterminants qu'ils firent voter la résolution suivante : « Sauf convention
contraire et publiée, la marque suit le sort de l'entreprise dont elle sert
à caractériser les produits (2). »

---

(1) Rapport, page 168.
(2) Comptes-rendus sténographiques de la propriété industrielle, pages 351 et suiv.

Le premier projet déposé au Sénat, le 4 novembre 1886, par les auteurs de la proposition de loi, se rattachait à ce principe ; mais la Commission dont nous avons déjà indiqué les tendances a refusé d'y souscrire. Voici la raison qu'elle en donne : « La marque constitue une partie accessoire du fonds. Si le commerce ou l'industrie d'où sortent les produits marqués se sont développés, ne doit-on pas attribuer cette prospérité à la clientèle qui s'est habituée à se servir d'articles faciles à distinguer des similaires, grâce à la marque dont ils sont revêtus ? C'est cette clientèle, dont la conservation est un élément nécessaire de prospérité, qui détermine en général le prix du fonds ; il nous semble qu'elle a bien droit, elle aussi, à la protection de la loi. Si la marque ne suit pas l'exploitation dont elle caractérise les produits, il est à craindre qu'elle ne serve à désigner des produits de qualité inférieure ; ce serait, à notre avis, donner à la fraude de grandes facilités (1). »

Raisons invoquées par la Commission du Sénat.

Un pareil raisonnement ne confond-il pas l'effet avec la cause ? Ainsi que nous l'avons dit, le consommateur s'attache à telle ou telle marque parce que la marchandise que celle-ci recouvre se présente dans des conditions satisfaisantes de prix et de qualité. Libre à lui d'aller à une autre marque plus ancienne ou plus récente qui serait meilleure ou moins chère, cela se voit tous les jours ; libre à lui surtout de renoncer à celle qui avait ses préférences, pour peu que le fabricant élève intempestivement son prix ou livre de mauvais produits. Au fond, c'est donc le mérite du producteur, et non l'habitude de la clientèle, qui fait la popularité d'une marque et qui constitue le principe de son appropriation. Si, dans le but très-légitime d'éviter une concurrence, d'augmenter ses bénéfices ou de propager sa renommée là où les frais de transport surenchérissent ses articles, un fabricant s'entend avec un autre pour le mettre en possession de ses procédés perfectionnés et de sa marque, est-ce que le public ne sera pas le premier à en tirer profit ?

Réfutation.

On objecte que cela donnerait à la fraude de grandes facilités parce que le cessionnaire de la marque pourrait s'en servir pour désigner des produits de qualité inférieure ; mais rien n'est moins probable ; le cédant aura vraisemblablement pris ses précautions au moyen de certaines

---

(1) Rapport de M. Dietz-Monnin, page 171.

clauses résolutoires, et, tout en admettant son imprévoyance, le pis qui qui puisse arriver sera que le consommateur cesse d'acheter une marchandise vendue sous des emblèmes discrédités. Puisque la loi ne saurait empêcher un fabricant de fusionner sa maison avec celle de son concurrent, ou de former avec ce dernier un syndicat, une association en participation aboutissant précisément au fait que voudrait prohiber la Commission du Sénat, puisqu'elle peut encore moins l'empêcher, lui ou son successeur, de laisser dégénérer sa fabrication et de compromettre ainsi son propre intérêt, pourquoi et comment prétendrait-elle protéger le consommateur avec l'article 18 ?

Dans le système que nous combattons un père n'aura plus la faculté de céder son établissement à son fils aîné, avec tout ou partie de ses marques, et de réserver en même temps à son second fils, à son gendre, à qui bon lui semblera, le droit de créer ailleurs des manufactures faisant usage de ces mêmes marques ou de quelques-unes d'entre elles. En cas de partage entre cohéritiers ou de liquidation entre associés, la propriété de la marque devra forcément être attribuée à l'un des intéressés, les autres en étant absolument exclus. Si une usine est détruite par un incendie ou par suite d'expropriation pour cause d'utilité publique, la raison de commerce de la maison qui l'exploitait n'en subsiste pas moins, et cette dernière n'aura pas le pouvoir de la transmettre puisque le fonds n'existe plus. Si donc les magasins du *Bon Marché* venaient à disparaître, et si la Société qui en est propriétaire arrivait à se liquider, il sera interdit au liquidateur de vendre cette raison de commerce, quel que soit le prix qu'on lui offrirait, et alors même que l'opération lui procurerait avec les autres éléments de l'actif des ressources suffisantes pour rembourser les actionnaires, ou, ce qui est une pure hypothèse, pour payer intégralement les créanciers.

Tout cela est excessif. La fraude, nous en convenons, est habile à se glisser dans toutes les transactions civiles et commerciales ; mais est-ce une raison pour prohiber celles qui peuvent y donner lieu ? Quels sont les contrats qui résisteraient à une semblable sélection ?

Dans sa séance du 11 décembre 1879, sur le rapport de notre collègue, M. Gourd, la Chambre de Commerce de Lyon, après avoir délibéré sur une proposition de loi relative à la protection des noms commerciaux et à l'usurpation des récompenses industrielles, s'est déjà prononcée contre toutes restrictions de ce genre, parce qu'elles sont une entrave à la liberté des conventions.

Les raisons qui vous déterminèrent en 1879 vous décideront certainement encore une fois à demander qu'au premier paragraphe de l'article 18 on substitue le texte même de la résolution adoptée en 1878 par le Congrès de Paris, et que le second soit purement et simplement supprimé. Avec sa rédaction ainsi modifiée, l'article 18 signifiera que, sauf convention contraire, celui qui vend sa maison de commerce ou d'industrie, son vignoble ou sa mine, est présumé avoir cédé en même temps les marques y afférentes.

Souhaitons en tous cas que le paragraphe 3 ne serve jamais de point de départ à un impôt aussi lourd que le droit de transcription en matière immobilière, ni de prétexte à l'administration de l'Enregistrement pour exercer sa fiscalité.

Observation à propos du paragraphe 3.

TITRE VI

DISPOSITIONS RELATIVES AUX ÉTRANGERS.

ART. 19. — *Les étrangers qui possèdent en France des établissements énumérés au paragraphe 2 de l'article premier jouissent, pour les produits de ces établissements, du bénéfice de la présente loi, en remplissant les formalités qu'elle prescrit.*

Droits des étrangers possédant des établissements en France,

Cet article est la reproduction exacte de l'article 5 de la loi de 1857 qui ne paraît avoir soulevé aucune objection.

L'article 20 règle les droits des *étrangers et des français dont les établissements sont situés hors de France ; ils jouiront du bénéfice de la présente loi pour les produits de ces établissements, si, dans les pays où ils sont situés, des conventions diplomatiques ou des lois antérieures ont établi, directement ou indirectement, la réciprocité pour les marques françaises, le nom commercial et la raison de commerce français.*

Droits des maisons établies hors de France.

Cette disposition équitable et sage existe déjà dans la loi de 1857 ; elle constitue le meilleur des stimulants en faveur de la protection internationale de la propriété industrielle. Dans sa délibération du 11 décembre 1879 que nous venons de rappeler, notre Chambre avait repoussé la proposition de M. Bozérian tendant à concéder aux étrangers, sans

L'idée de réciprocité est sage et féconde.

distinction ni réserve de réciprocité, les droits dont jouissent en France nos nationaux.

On peut être libéral sans aller jusqu'à l'imprévoyance et jusqu'à la débonnaireté. La prudence est d'autant plus nécessaire qu'au delà de nos frontières la contrefaçon de nos produits et de nos marques, l'usurpation même de nos noms commerciaux et de nos raisons de commerce se pratiquent sans aucune espèce de pudeur (1).

Aussi croyons-nous qu'il y a lieu de modifier dans ce sens le paragraphe 3 de l'article 20 ainsi conçu : *Toute marque de fabrique ou de commerce régulièrement déposée dans ces pays sera admise telle quelle au dépôt central.* Nous ajouterions : *Sous réserve de la réciprocité,* ou quelque formule encore plus explicite.

Après les articles 21 et 22 qui seront généralement approuvés, nous arrivons aux malencontreuses dispositions de l'article 23 : *Tous produits étrangers, portant soit sur eux-mêmes, soit sur des enveloppes, bandes ou étiquettes, une marque, un nom, ou une mention de nature à faire croire qu'ils ont été fabriqués en France, sont prohibés à l'entrée, exclus de l'entrepôt, doivent être saisis, confisqués en quelque lieu que ce soit, soit à la diligence de l'Administration des douanes, soit à la requête du Ministère public ou de la partie lésée, lors même qu'ils auraient été expédiés sur l'ordre ou du consentement de l'ayant-droit résidant en France.*

La présente prohibition s'applique également :

1° Aux produits étrangers portant le nom d'un lieu ou d'une région de fabrication française ;

2° Aux produits étrangers fabriqués dans une localité de même nom qu'une localité française, qui ne porteront pas, en même temps que le nom de ce lieu de fabrication, le nom du pays d'origine.

Sont exceptés les produits étrangers, lorsque les marques et désignations ci-dessus seront accompagnées en caractères apparents de la mention « IMPORTÉ. »

Dans le cas où la saisie est faite à la diligence de l'Administration des douanes, le procès-verbal de saisie est immédiatement adressé au Ministère public.

---

(1) Sous ce rapport la Convention internationale de 1883 et surtout les résolutions votées en 1886 par la Conférence de Rome ont provoqué des critiques dont quelques-unes sont malheureusement trop fondées.

Le délai dans lequel l'action prévue par le présent article devra être intentée, sous peine de nullité de la saisie, soit par la partie lésée, soit par le Ministère public, est porté à deux mois.

Il suffit de comparer le premier paragraphe avec l'article 19 de la loi de 1857 pour constater combien sont aggravées les conditions. mises à l'importation des produits étrangers, et, ce qui est pis encore, combien elles sont vagues ou mal définies. Inconvénients et dangers de l'article 23.

S'ils portent sur eux-mêmes ou sur leurs étiquettes et enveloppes, une marque, un nom, une mention *de nature à faire croire* qu'ils ont été fabriqués en France, la douane sera tenue de les saisir.

Quels sont les marques, noms et mentions qui présenteront ce caractère d'apparence française? Le rapport de M. Dietz-Monnin ne nous éclaire que médiocrement sur ce point. Il cite comme ne pouvant donner matière à discussion l'exemple de soies importées sous une marque ou un nom japonais, d'articles revêtus d'étiquettes en langue russe. Il nous apprend encore qu'une pièce de drap venant de Belgique et portant simplement le nom ou la marque *Dupont*, devra être saisie en douane parce qu'il s'agit là d'un nom français, de nature à tromper en France l'acheteur sur l'origine étrangère du produit (1).

Mais il omet complètement de nous dire ce que la douane sera tenue de faire lorsqu'elle se trouvera en présence de noms tels que ceux-ci : Schneider, Kuhlmann, Waddington, Verstraëte, Mangini, Pereira, Ollendorff, Ephrussi, Martinez. Lui sera-t-il possible de les considérer comme étrangers, alors qu'ils appartiennent à des familles ou à des maisons françaises dont quelques-unes occupent dans notre industrie et notre commerce une situation considérable? Et, d'autre part, si elle les accepte comme français, où s'arrêtera-t-elle dans la voie des appréciation et de l'arbitraire?

Soupçonneux par profession, les agents des douanes finiront par saisir toutes les marchandises recouvertes d'un nom quelconque, sous le prétexte qu'il est français ou qu'il pourrait l'être puisqu'on le trouve dans l'*Almanach Bottin* de Paris et des départements.

En procédant ainsi, les auteurs de la proposition de loi ont un double objectif : ils veulent d'abord, par un sentiment d'équité, étendre à la marque du commerçant le bénéfice des actions tutélaires que la loi de

---

(1) Rapport de M. Dietz-Monnin, pages 200 et 201.

1857 réserve seulement à la marque du fabricant; il entendent surtout, et le langage de l'honorable rapporteur est très affirmatif à cet égard, jeter un discrédit ou tout au moins exciter la défiance sur les produits d'origine étrangère; à la rigueur, ils ne seraient point fâchés d'entraver leur importation, autant par un formalisme minutieux que par les obscurités ingénieuses d'une loi contenant le germe de toutes les arguties de toutes les subtilités propres à faire varier la jurisprudence. C'est en vain qu'ils se défendent de tendances protectionnistes, qu'ils invoquent à leur décharge les prescriptions draconiennes de la loi anglaise du 23 août 1887 (1); personne, à coup sûr, ne les taxera d'un amour ardent, nous ne dirons pas pour le libre échange, mais pour le développement du commerce international. Aussi n'hésitons-nous pas à déclarer que leur système est non-seulement injuste en ce sens qu'il livre les industriels, les importateurs français ou étrangers, à l'arbitraire des agents de la douane et aux incertitudes de la jurisprudence, mais encore qu'il est éminemment dangereux parce qu'il nous prepare une série indéfinie de représailles.

Défauts et avantages de la loi anglaise de 1887.

Certes, la loi anglaise est loin d'être notre idéal. Elle attribue aux commissaires des douanes un rôle exagéré en les chargeant d'établir, quand ils le jugent à propos, des règlements généraux ou spéciaux sur la détention ou la confiscation des marchandises supectes; elle soumet de la sorte à leur appréciation des questions tout à fait étrangéres à leur compétence, et il en résulte parfois des incidents aussi curieux qu'imprévus (2). Mais, en s'appliquant à préciser les situations, à définir les termes dont elle se sert, elle montre clairement le but qu'elle poursuit, savoir la répression de la contrefaçon nettement caractérisée et de tous les agissements scabreux sous lesquels se dissimule ce genre

---

(1) Rapport de M. Dietz-Monnin, page 204. Dans le discours qu'il a prononcé, le 3 mai, à l'assemblée génerale annuelle du Comité central des Chambres syndicales, M. Bozérian fait allusion à l'article 8 de la loi anglaise, relatif aux matières d'or et d'argent introduites en Angleterre; cet exemple n'est pas concluant, parce qu'il s'agit de marchandises dont le titre varie suivant leur origine, et que les questions concernant les métaux précieux ont une assez grande connexité avec celles des monnaies

(2) Une correspondance du *Journal des Débats* nous apprend que la douane d'Angleterre considère comme désignations essentiellement anglaises les mots : Thermomètre Farenheit, Album, Macaroni, et que les négociants de Londres se sont réunis pour protester contre la façon dont elle interprète la loi (Voir le n° du 11 février 1888.

de fraude. Malgré les imperfections de cette loi, malgré l'exagération des peines qu'elle édicte, malgré ses allures pointilleuses, l'importateur de bonne foi saura toujours à quoi s'en tenir, et, s'il risque d'éprouver, dans certaines circonstances, quelques tracasseries de la part de la douane, il ne sera jamais exposé à se voir pris dans un piège semblable à celui que lui tend l'article 23 de la loi proposée.

Pour que ce dernier soit d'une application pratique, on devra forcément ramener sa rédaction à l'idée concrète, précise, exprimée par la loi anglaise et par l'article 19 de notre loi de 1857, sauf à placer l'industriel et le commerçant sur le même rang, au point de vue de l'exercice de leurs droits et actions. C'est dire que son texte ne devra viser que la fraude nettement caractérisée soit par la contrefaçon ou l'imitation de la marque d'une maison française réellement existante, soit par l'usurpation de son nom commercial ou de sa raison de commerce, soit enfin par des énonciations mensongères quant à la provenance. Si donc la douane trouve une pièce de drap portant simplement le nom de Dupont ou celui de Kleinmann, elle devrait être tenue de rechercher si ce nom appartient à un français faisant sa spécialité de la fabrication ou du commerce des draps ; en cas d'affirmative, elle saisira ; dans le cas contraire elle laissera passer. Lorsqu'une autre pièce de drap se présentera avec la marque *Dupont Paris*, ou *Kleinmann Nancy*, nous ne voyons aucun inconvénient à exiger qu'une pareille désignation soit accompagnée, en caractères apparents, de la mention « IMPORTÉ », dont l'idée ne manque pas d'ingéniosité. Enfin, quand figureront sur l'étoffe quelques indications neutres ou banales, telles que : drap velours, fantaisie élégante, pourquoi la douane saisirait-elle ?

Dans quel sens l'article 23 doit être modifié.

Remarquons cette particularité qui semble avoir échappé aux auteurs de la loi, c'est que l'article 23 entraverait surtout l'importation des articles provenant de la Belgique et de la Suisse, pays où l'on parle le français, où les étiquettes et les marques sont conçues en langue française, et où l'on a conservé des sympathies pour la France. Ce n'est certainement pas le but qu'ils poursuivent, et pourtant c'est celui qu'ils atteindraient sans aucun doute.

Les considérations qui précèdent suffisent à démontrer combien le paragraphe premier de l'article 23 présente d'inconvénients, voire même de dangers, sans correspondre à des nécessités pratiques. Nous insistons pour qu'il ne reste pas planté dans notre législation comme un jalon plus ou moins flexible et mal dissimulé du protectionisme le plus étroit et le plus inutile.

L'article 23 ne sera pas applicable aux marchandises en transit.

Peu s'en est fallu que ses dispositions ne fussent applicables aux marchandises en transit; fort heureusement la Commission sénatoriale a reculé devant une mesure qui eût été fort grave pour l'industrie des transports, et nous nous empressons de l'en féliciter.

Observation à propos de la confiscation.

Mais nous avons cherché vainement la raison qui l'a déterminée à rétablir ici le droit de confiscation qu'elle a pris soin de supprimer, sauf dans un cas particulier de l'article 31.

ART. 24. — *Les actions résultant de la présente loi peuvent être exercées par :*

1° L'ayant-droit à la marque déposée, à un nom commercial, à une raison de commerce, à un lieu de fabrication ou à une région de production;

2° L'acheteur trompé à l'aide de l'une des fraudes énumérées par les articles 25 et 26;

3° Les syndicats professionnels régulièrement constitués;

4° Toute partie ayant un intérêt né et actuel.

Distinction à faire en ce qui concerne l'acheteur.

Sous le prétexte plausible de combler les lacunes de la loi de 1857, il ne faudrait pas aller au-delà des limites que trace l'équité. Lorsqu'un négociant de Paris vend sous la dénomination de Cognac des eaux-de-vie de toutes provenances, ou sous la désignation de Champagne des vins mousseux de l'Anjou (1), rien ne paraît plus juste que de donner aux maisons établies dans la Charente ou dans la Champagne, ainsi qu'aux associations syndicales de leur industrie, le pouvoir de lui faire un procès, parce qu'elles sont victimes d'une concurrence déloyale.

Nous admettrons aussi l'acheteur à lui intenter une action en soutenant qu'il a été trompé sur la nature de la marchandise, à la condition toutefois que celle-ci ne soit pas égale en tous points, et, à plus forte raison, supérieure au produit qui se livre couramment dans les mêmes conditions de prix par les fabricants de Cognac, d'Epernay, de Reims ou de Chalons. L'intérêt étant le principe de toute action judiciaire, nous pensons que, dans le cas prévu par l'article 25, paragraphe 2, et à moins de stipulations expresses ou contraires du marché, la demande

---

(1) Voir un arrêt de la cour d'Angers, du 19 juillet 1887, reproduit dans le Rapport de M. Dietz-Monnin, page 156.

de l'acheteur devra être rejetée, s'il ne justifie pas d'un préjudice.
N'oublions pas que les mauvais payeurs forment une catégorie de négociants beaucoup plus nombreuse que celle des contrefacteurs, et
gardons-nous de fournir à la première des armes ou des prétextes trop
commodes en tâchant de paralyser la seconde; la morale et l'industrie
n'y gagneraient rien (1).

Les Chambres de commerce ni les Chambres consultatives des Arts et Manufactures n'auront qualité pour agir dans le sens de l'article 24. M. Dietz-Monnin nous apprend qu'à cet égard les avis sont partagés (2). *Les Chambres de commerce n'auront pas qualité pour agir.*

Leur exclusion s'explique, non-seulement par les considérations qui ont déterminé la Commission du Sénat, mais encore par la difficulté dans laquelle se trouveraient ces Compagnies toutes les fois que, pour profiter de leur prestige moral, des personnalités remuantes les pousse-raient à embrasser le parti d'intérêts privés s'abritant sous le couvert de l'intérêt public ou régional.

TITRE VII

PÉNALITÉS

Placés entre le système des peines corporelles que les juges n'appli-quent plus en matière de contrefaçon, et celui des amendes pouvant atteindre un chiffre élevé, les auteurs de la proposition ont été bien ins-pirés en choisissant ce dernier comme devant être le plus sensible aux coupables. *Suppression des peines corporelles; augmentation des amendes.*

Les articles 25 et 26 énumèrent les délits qui tomberont sous le coup de la loi. Ils les divisent en deux catégories. *Division des délits en deux catégories.*

La méthode de classification que l'on a suivie n'est pas très facile à saisir; peut-être a-t-on voulu ranger dans la première les actes essen-

---

(1) Il nous est impossible de voir les caractères d'une fraude et d'un délit dans le cas du fabricant de boutons dont parle M. Dietz-Monnin, pages 199 et 202; nous y trouvons encore moins les éléments d'une action résolutoire au profit de l'acheteur.

(2) Rapport, page 210.

tiellement frauduleux, passibles d'une amende de 100 à 10,000 francs, et dans la seconde les contraventions ou omissions de forme, punissables d'une amende de 50 à 1,000 francs.

Nécessité de réviser le paragraphe 5 ou de rendre sa rédaction plus explicite.

Quoi qu'il en soit, et après avoir rendu justice au soin que la Commission sénatoriale a pris de se montrer aussi précise que possible, nous devons lui signaler comme insuffisante la rédaction du 5e paragraphe énumératif de l'article 25 : *Ceux qui ont fait usage d'un nom portant des indications propres à tromper l'acheteur sur la nature ou la provenance du produit.*

Nous ne nous expliquons pas pourquoi, contrairement à ce qu'elle a fait dans les autres paragraphes, elle n'a introduit dans celui-ci aucun des mots *sciemment, frauduleusement* qui auraient servi à caractériser le délit. Il en résulte que le seul fait par un fabricant de notre ville d'apposer sur une pièce d'étoffe tissée, teinte ou apprêtée dans ses usines de l'Isère une mention telle que celles-ci : soieries lyonnaises, Dupont à Lyon, devra être déféré aux tribunaux et puni d'une amende, sur la plainte d'un acheteur de mauvaise foi qui trouvera ainsi le moyen de résilier quelque marché onéreux, ou d'une chambre syndicale ouvrière en lutte avec ce manufacturier. Pour ceux qui ont l'expérience ou quelques notions de notre principale industrie locale, la disposition contenue dans ce paragraphe 5 est inadmissible, surtout si on la rapproche de l'article 28 autorisant les juges, en cas de récidive, à porter l'amende en double et à prononcer la peine de l'emprisonnement. En conséquence, nous demandons instamment que sa rédaction soit révisée.

Observation sur l'article 26.

Sur l'article 26, nous protestons également contre les termes du paragraphe n° 3 : *Ceux qui auront contrevenu aux prescriptions du paragraphe premier.* Les observations que nous avons présentées dans notre commentaire des articles 1er et 19 nous dispensent d'en dire davantage.

Art. 27. — Preuve de la bonne foi.

L'article 27 met la preuve de la bonne foi à la charge du prévenu, ce qui est logique.

Art. 28. — Récidive.
Art. 29. — Pénalités accessoires.

L'article 28 prévoit la récidive et la frappe d'une sanction méritée.

L'article 29 édicte certaines pénalités accessoires, affichage du jugement, insertion dans les journaux, privation temporaire du droit d'élection et d'éligibilité aux fonctions consulaires.

Art. 30. — Dispositions supplémentaires.

L'article 30 ordonne la destruction de la marque ou du nom reconnus contraires aux dispositions de l'article 25, ainsi que celle du matériel ayant pour destination spéciale la production de cette marque ; si elle a

— 41 —

été déposée, la transcription du jugement devra être faite en marge de
l'acte de dépôt ; enfin il donne aux juges les pouvoirs les plus éten-
dus pour leur permettre de recueillir les éléments nécessaires à l'appréciation des dommages-intérêts.

La loi de 1857 autorisait le Tribunal à prononcer, au profit de la
partie plaignante, la confiscation des produits revêtus de marques
jugées délictueuses ; avec la loi nouvelle il n'en sera plus ainsi. Les
motifs invoqués par la Commission du Sénat sont rationnels. Néanmoins
la confiscation au profit de l'Etat pourra encore être ordonnée en vertu
de l'article 31, contre les récidivistes en état de contravention avec le
deuxième paragraphe de l'article 26. Il s'agit ici d'un cas particulier de
police générale, sur lequel tout le monde sera d'accord. Mais il sera
moins facile de justifier le rétablissement du droit de confiscation dans
le paragraphe premier de l'article 23.

Le projet primitif contenait un alinéa ainsi conçu : *Le désistement du*
plaignant arrête l'action publique. Bien que la plupart des législations
étrangères admettent cette théorie, la Commission du Sénat s'est rangée
à l'opinion contraire pour empêcher « certaines transactions qui ne
méritent pas d'être favorisées » (1). Il nous semble que c'est aller trop
loin parce qu'à la différence des autres délits contre les personnes ou
contre leurs biens, ce qui domine ici la matière c'est une idée de
concurrence déloyale et par conséquent une question purement commerciale. Pourquoi ne serais-je pas juge de mon intérêt, et comment
offenserais-je la morale en absolvant l'individu qui a contrefait une de
mes marques ou usurpé mon nom, et qui m'a, de la sorte, causé
un préjudice plutôt moral que matériel, en tout cas spécial à mes
intérêts commerciaux ou industriels ? Dès lors pourquoi ne me serait-il
pas permis de transiger avec lui, surtout s'il est de bonne foi, comme
avec celui qui m'aura endossé du mauvais papier ou livré des soies
défectueuses ? Nous concluons donc au rétablissement du paragraphe
supprimé.

---

(1) Rapport de M. Dietz-Monnin, page 239.

TITRE VIII

JURIDICTIONS

ART. 32. — *Les actions civiles relatives aux marques sont portées devant les Tribunaux civils et jugées comme matières sommaires. En cas d'action intentée par la voie correctionnelle, si le prévenu soulève pour sa défense des questions relatives à la propriété de la marque, le Tribunal correctionnel statue sur l'exception, sans que la sentence à intervenir puisse constituer la chose jugée sur la question de propriété.*

La raison qui fait donner la préférence aux Tribunaux civils ne nous paraît point concluante. On a beau dire qu'il s'agit de statuer sur des questions de propriété qui sont, comme telles, de leur compétence, cela n'empêche point les intérêts en présence d'être exclusivement commerciaux. Toutes les fois que le débat ne sera pas déféré à la juridiction correctionnelle, seule apte à prononcer une condamnation afflictive, les juges consulaires sauront mieux apprécier l'importance que présente la similitude plus ou moins grande de deux marques, le mobile qui a fait agir le contrefacteur, et les dommages-intérêts auxquels devront donner lieu des actes isolés ou réitérés de contrefaçon ou d'usurpation. Contrairement aux magistrats de l'ordre civil qui jugent de plus haut, et quelquefois de plus loin sur les dires d'experts, ils ne dédaigneront pas d'aller eux-mêmes aux informations, de vérifier les livres, de s'enquérir officieusement auprès de négociants expérimentés des usages locaux ou professionnels intéressant la cause, des souvenirs et des circonstances de fait permettant d'établir l'époque de la mise en circulation d'une marque. Ils emploieront ainsi une méthode moins solennelle mais plus expéditive, et se détermineront moins par des arguments de droit strict que par des considérations d'équité. Si le litige est porté en appel, ce qui arrivera le plus souvent, les magistrats de la Cour sauront discerner dans l'œuvre des premiers juges ce qu'ils devront retenir comme éléments d'instruction ou d'appréciation ; ils la réformeront ou la compléteront avec les connaissances juridiques et les autres qualités qui leur seront propres ; en sorte que le justiciable bénéficiera ainsi des avantages particuliers aux deux ordres de juridiction, le dernier mot devant toujours rester aux magistrats civils mieux et plus vite informés.

Le système sur l'adoption duquel nous insistons a prévalu dans d'autres législations, notamment en Belgique où les lois sont généralement bien étudiées, et où les mœurs sont semblables aux nôtres.

Les articles 34 et 35 réglementent des questions de procédure. Nous y voyons que la saisie des objets contrefaits ne pourra être opérée qu'en vertu d'une ordonnance du président du Tribunal civil, ou du Juge de paix dans les villes qui n'auront pas de tribunal. Le délai qu'exigera une pareille formalité, les indiscrétions qui pourront être commises par l'huissier, par ses clercs ou par les employés du greffe, l'hésitation ou la résistance du magistrat entraveront souvent la saisie ou permettront de faire disparaître le corps du délit. Nous sommes persuadés qu'il serait facile de parer à ces inconvénients en simplifiant la procédure, et, en tous cas, nous ne comprenons pas la nécessité d'une ordonnance préalable lorsqu'il s'agira, non pas de saisir l'objet contrefait, mais de faire procéder par huissier à sa description détaillée, soit chez un tiers, soit à plus forte raison dans un lieu ouvert.

Observations sur la procédure de l'article 33; utilité de la simplifier.

TITRE IX

DISPOSITIONS GÉNÉRALES ET TRANSITOIRES.

Art. 36. — *Pour pouvoir bénéficier des actions ouvertes par la présente loi, tout dépôt de marque, opéré antérieurement à sa promulgation, devra être complété par la remise au dépôt central du cliché de ladite marque et le versement des frais de publication déterminés par le règlement d'administration publique.*

Suit une disposition spéciale aux dépôts effectués en Alsace-Lorraine antérieurement au 10 mai 1871.

Nous nous bornons à rappeler ici les observations que nous avons présentées sur l'utilité et la convenance qu'il y aurait en province d'opérer le dépôt de la marque, des pièces accessoires et du nom commercial ou de la raison de commerce, au greffe du Tribunal de commerce, avec obligation pour le greffier de transmettre un double de l'acte au dépôt central.

Les articles 37, 38 et 39 ne soulèvent aucune objection.

CONCLUSION

Art. 37, 38, 39.

En résumé, le bilan de la proposition de loi que nous venons d'examiner se solde en perte.

A son actif nous trouvons :

Énumération des dispositions qui méritent d'être approuvées.

1° L'assimilation complète du commerçant au fabricant sous le rapport de la propriété des marques ;

2° Une nomenclature plus large des éléments pouvant constituer des marques de fabrique et de commerce, à l'exclusion des décorations françaises conférées par l'État.

3° Le droit d'annulation et de radiation soit par la volonté du déposant, soit par autorité de justice ;

4° Les prescriptions de l'article 10 ;

5° La défense de vendre une marchandise avec des indications *mensongères* quant à son origine, et le pouvoir donné à toute personne intéressée de poursuivre ce genre de fraude ;

6° La disposition de l'article 22 ;

7° Celle de l'article 24 ;

8° La suppression des peines corporelles compensée par une augmentation de chiffre des amendes ;

9° Le paragraphe 8 de l'article 25 ;

10° Le paragraphe 5 de l'article 26 ;

11° La preuve de la bonne foi mise à la charge du prévenu ;

12° La plupart des dispositions contenues dans les articles 28 à 31.

Leurs caractères.

Ces diverses améliorations sont généralement d'ordre secondaire ; elles peuvent être introduites dans la loi de 1857 par voie de simple addition, sans qu'il soit besoin de la refondre entièrement, d'en changer le but et d'en altérer l'esprit.

Par contre, le passif de cette même proposition est lourdement chargé par un ensemble de prescriptions reposant sur des idées économiques absolument contestables, sur des conceptions inconciliables avec la pratique des affaires, sur une malveillance systématique et injuste à l'égard des produits étrangers, sur une tendance excessive au formalisme et à la réglementation là où devrait avoir libre carrière la loi de l'offre et de la demande. *Caractères des dispositions critiquées.*

Rappelons succinctement les défauts que nous y avons relevés et les amendements qui en sont le correctif nécessaire : *Résumé des observations dont elles ont été l'objet dans ce rapport.*

1° Les marques de fabrique et de commerce ne constituent pas deux sortes de propriété ; elles se confondent dans une origine commune : ce sont des enseignes circulantes. L'usage des unes et des autres doit être libre, sous réserve des droits acquis, sans que la loi ait à réglementer leur contexture autrement que pour interdire l'emploi de certains emblèmes spéciaux tels que les décorations nationales. On ne saurait donc obliger le producteur ou le marchand à inscrire sur sa marque les mentions M. de F., M. de C., ni même M. D. lorsqu'elle aura été régulièrement déposée. Quant à prétendre que les marques ont pour but de protéger le consommateur, qu'elles sont créées plutôt dans son intérêt que dans celui du fabricant ou du commerçant, c'est une thèse contre laquelle nous protestons avec la plus grande énergie parce qu'elle est la négation du principe même de la propriété industrielle.

Le dernier paragraphe de l'article dénature donc l'idée fondamentale des marques de fabrique et de commerce. Etablissant entre elles, quant à leurs effets respectifs, une différence qu'au fond rien ne justifie ; il viole sans utilité la liberté que doit avoir tout négociant de disposer de sa propriété comme il l'entend et de garder le secret de ses affaires ; confond ce secret avec la fraude, au mépris des notions les plus élémentaires de la justice et des traditions suivies non seulement en France, mais encore par toutes les nations civilisées et crée une catégorie de délits purement arbitraires, dans lesquels la morale n'est nullement intéressée ni de près ni de loin. *Art. 1er, paragraphe 4.*

2° Les armoiries d'une ville ne doivent jamais être transformées en marques de fabrique ou de commerce soit par suite d'appropriation basée sur l'antériorité de l'usage, soit à titre de concession particulière ou collective de la municipalité. *Art. 2.*

Art. 4.

3° Nous sommes loin de contester l'utilité d'un Dépôt central, mais au système de la proposition de loi nous préférons résolûment celui qui est aujourd'hui en vigueur et qui présente tout à la fois les avantages de la concentration et ceux de la décentralisation. La question doit être envisagée au double point de vue des facilités à donner aux négociants ou manufacturiers de la province, et du désarroi profond qu'occasionnerait le destruction d'un Dépôt central unique, par suite d'incendie ou de tout autre événement.

Art. 7.

4° Le dernier paragraphe de l'article 7 est en contradiction avec le principe consacré par l'article 4 : pas de Dépôt, pas d'action. Il convient donc, sinon de le supprimer, au moins d'effacer les mots : *fait de bonne foi.*

Art. 9.

5° L'article 9 suffirait à lui seul pour faire rejeter la loi. Conçu en termes presque anodins, il prend dans les commentaires de M. Dietz-Monnin une signification et des proportions inadmissibles. C'est chose grave que la mise en déchéance d'une marque. La consommation, l'industrie, le commerce n'en tirent aucun profit, contrairement à ce qui a lieu lorsqu'un brevet d'invention tombe dans le domaine public. Le désir de rendre libres des marques depuis longtemps abandonnées ou en désuétude justifie seule une pareille mesure, à la condition que leur propriétaire ne soit victime ni d'une surprise ni d'une spoliation, ce qui arriverait fréquemment avec la méthode adoptée par la Commission sénatoriale. Parmi les nombreux moyens d'atteindre ce but, les auteurs de la proposition ont choisi le moins effectif, le moins sûr, celui d'une publication ayant un caractère légal, mais offrant l'inconvénient de rester presque toujours ignorée des intéressés parce qu'ils n'auront point le loisir de lire chaque jour la feuille officielle affectée à cette publicité. Le système anglais du double avertissement par lettre chargée combiné avec un délai de mise en demeure est infiniment plus pratique; nous en dirons autant de l'idée de soumettre les marques à une taxe modérée dont le recouvrement serait annuellement opéré par le percepteur comme l'impôt des patentes, et dont le refus de paiement pendant trois années consécutives équivaudrait à une déclaration d'abandon. En aucun cas le nom et la signature d'un fabricant ou d'un commerçant, considérés comme éléments d'une marque frappée de déchéance, ne peuvent être repris par un tiers à la faveur du dépôt indiqué à l'article 4.

6° Des causes de nullité énumérées dans l'article 11, on devra supprimer celle qui se réfère à l'inobservation des prescriptions édictées par l'article premier, paragraphe 4. Art. 11,

7° Il serait utile de combiner plus étroitement les articles 13 et 17; le principe posé par le premier est tellement absolu, le tempérament apporté par le second est si limité qu'en les interprétant dans leur sens littéral ou en recherchant leur esprit dans le rapport de l'honorable M. Dietz-Monnin, on prévoit qu'ils donneront lieu à de sérieuses difficultés. La propriété du nom patronymique est certainement la plus sacrée de toutes. Pour en restreindre l'usage, le législateur doit s'appuyer sur des motifs essentiellement déterminants tels que la nécessité d'empêcher toute concurrence déloyale; mais, lorsque la fraude ou le préjudice ne seront point établis, pourquoi toucher à cette propriété? Les auteurs de la loi n'ont pas suffisamment tenu compte des nuances, des circonstances de fait qui localisent l'action du commerce de détail; ils n'ont admis aucune prescription basée sur le non usage prolongé; ils paraissent n'avoir nullement songé aux situations acquises; en sorte que l'adoption pure et simple des articles 13 et 17 serait de nature à engendrer un nombre illimité de procès prenant leur source dans une pensée de taquinerie et de chantage. Les mêmes observations s'appliquent à la raison de commerce, bien que celle-ci ne touche guère qu'à des intérêts matériels. Cette partie de la proposition de loi a donc besoin d'être revisée après une étude plus approfondie des questions qui s'y rattachent. Art. 13 et 17.

8° Les deux premiers paragraphes de l'article 18, rédigés en vue de protéger la clientèle, manqueront complètement leur but et n'auront d'autre effet que de porter une atteinte inutile à la liberté du commerce; ils doivent en conséquence être supprimés. Quant au paragraphe 3, il comporte, en ce qui concerne le nom de commercial et la raison de commerce, les réserves que nous avons faites sur les articles 13 et 17. Art. 18.

9° La réciprocité dont il est parlé au premier paragraphe de l'artice 20 devrait être une condition obligatoire dans le cas prévu au dernier alinéa. Art. 20.

10° En donnant aux agents de la douane le mandat impératif de saisir et de confisquer les produits étrangers entrant sous un nom ou une mention d'apparence française, on jetterait le trouble dans nos importations qu'on livrerait ainsi à l'arbitraire d'une administration naturelle- Art. 23.

ment soupçonneuse ; on exposerait également notre commerce d'exportation à de graves représailles. Il est impossible de tracer une ligne de partage entre les noms français et les noms étrangers. Que l'administration des douanes ait l'ordre de saisir les marchandises revêtues d'une marque française contrefaite ou portant une indication mensongère quant à leur provenance, rien de plus juste ; qu'à cet égard la marque de commerce soit aussi protégée que la marque de fabrique, nous n'y voyons que des avantages ; mais n'allons pas plus loin, restons aussi près que possible de l'article 19 de la loi de 1857, et supprimons le mot *confisqués* introduit dans l'article 23 du projet, nous ne savons pourquoi, alors que celui-ci abolit la confiscation d'une manière générale.

Art. 25.
11° Les termes du paragraphe 5 de l'article 25 sont trop vagues et trop élastiques ; l'addition des mots *dans une intention frauduleuse* est nécessaire pour caractériser le délit et préserver le vendeur d'abus qui sont aussi dangereux que la contrefaçon. Cette observation est d'une sérieuse importance pour notre industrie régionale.

Art. 26.
12° Le n° 3 de l'article 26 doit être rejeté comme toutes les dispositions se référant à cet ordre d'idées, notamment dans les articles 28 et 31.

Art. 30.
13° En matière commerciale, on ne saurait appliquer avec rigueur certains principes du droit civil ; c'est pourquoi la plupart des législations étrangères admettent que le désistement du plaignant arrête l'action publique contre le contrefacteur ; nous demandons qu'il en soit ainsi dans la nôtre.

Art. 32.
14° Lorsque l'action ne sera pas intentée par voie correctionnelle, il vaudrait mieux qu'elle fût portée devant les juges consulaires que devant les tribunaux civils. La juridiction commerciale sera plus expéditive et plus apte soit à déterminer les éléments de la fraude, soit à apprécier le préjudice causé. S'il va en appel, le justiciable aura de la sorte le bénéfice des deux juridictions, et les magistrats de la Cour, mieux informés, trancheront souverainement le débat.

Art. 33.
15° C'est par les mêmes motifs de célérité et de compétence spéciale que l'ordonnance dont il est parlé en l'article 33, devrait être rendue par le Président du tribunal du commerce dans les conditions prescrites par l'article 417 du Code de procédure civile. La nécessité d'une pareille ordonnance ne se comprend plus lorsqu'il s'agit de faire procéder par huissier, à la description détaillée, sans saisie, du corps du délit, ou lorsqu'il y a extrême urgence.

Nous insistons d'une façon particulièrement pressante pour la prise en considération des critiques que nous venons de présenter sous les n°s 1, 3, 5, 7, 8, 10, 11 et 14.

Telle qu'elle est conçue la proposition de loi est inacceptable. Dans la pratique, elle engendrerait de tels abus, elle susciterait tant de difficultés et de si violentes réclamations qu'il n'y aurait bientôt qu'une voix pour demander, par son abrogation, le retour à la législation actuelle. Quelles que soient ses imperfections, cette dernière a du moins le mérite d'être, dans ses grandes lignes, franche, équitable, ennemie des utopies et des vexations inutiles ; il serait facile de l'améliorer sans bouleverser son économie générale.

Nous avons dit, au début de ce Rapport qu'en pareille matière, l'accord entre la liberté et la probité commerciales devait être l'objectif du législateur ; on voit bien ce que la proposition de M. Bozérian et de ses collègues fait perdre à la première, mais on n'aperçoit pas clairement ce qu'y gagnera la seconde. Nous concluons donc à son rejet, ou à une refonte complète de ses plus importantes dispositions en gardant pour base les principes fondamentaux de la loi de 1857.

Ce rapport entendu,

LA CHAMBRE DE COMMERCE DE LYON,

Le convertit en délibération et décide qu'il sera adressé à M. le Ministre du Commerce et de l'Industrie, pour servir de réponse à sa circulaire du 28 Mars 1888.

Pour extrait conforme :

Le Secrétaire, Membre de la Chambre,

A. GOURD.